성령의 총을
쏴라

성령의 총을 쏴라

후추아빠
지음

드 라 마 식 기 도 집

예쁜 무지개를 완성하는 아름다운 날이 되기를

야~ 야 나 잘 있다.
이제는 귀도 잘 들리니~
기도 많이 해라.

바른북스

목차

〈학폭〉

〈배신과 버림〉

〈뽕뽕이〉

〈뽕뽕이의 여행일기〉

〈하늘이네 가족〉 1편

♣

출연진

아빠: 사랑 / 엄마: 희락 / 명주: 화평 / 지민: 인내

한주: 자비 / 혁주: 양선 / 하늘: 충성 / 수아: 온유

예영: 절제

♣ 성령의 열매 가족입니다.

♣

2023년 어느 날 넷째 아들 *충성*이는 군입대를 하여 *충성* 경례를 하며 열심히 훈련을 받고 있는 중에 아빠 *사랑* 님이 편지를 썼습니다.

♣

여기서부터 실제 편지 내용입니다.

♣

성령의 총을 쏴라

나는 부활이요 생명이라.
옛날 집에서 가정예배 드린 것 기억하니.

예수께서 말씀하시길 하고
나는 부활이요 생명이라.
나는 부활이요 생명이라.
나는 부활이요 생명이라.

계속 이름만 부르는 거야.
기도할 때 같이 부르는 거야.

나는 부활이요 생명이라.
나는 전능하신 하나님이라.
나는 알파요 오메가니라.
나는 길이요 진리요 생명이라.
악한 귀신 물리치는 총이 되는 거야.

날씨가 계속 춥네.
몸 건강 잘 챙기고

자대배치는 집과 가까운 곳으로
가도록 열심히 기도하자.

나는 알파요 오메가니라.
우리 주 예수 그리스도의 이름으로
기도합니다. 아멘.

〈기도응답〉

자대배치는
집과 가까운 곳으로 가도록 열심히 기도하자.

결과)
집: 서울 도봉구 → 자대: 25사단(전철 1시간 거리)

†

말씀은
꾸밈이나 강조가 없이 단순합니다.
빛이 있으라 하면 빛이 있습니다.

하늘아빠와
2년 넘게 함께 기도해 오면서 느낀 점은
단순하고 정직하며 우직한 분이라고
말하고 싶습니다

하늘아빠의 가정을 위한 모든 기도가
응답되기를 기도합니다.

★ 댓글

1. 하늘아빠

하나님 아버지 감사합니다.
우리 중보기도방 선교기도회 참으로 좋아요. 너무 좋아요.
나는 부활이요 생명이라. 아멘.

2. 준하맘

아멘.

'성령의 총을 쏴라'라는 표현이 너무 멋집니다.

하늘이 가정에 주님의 임재가 있기를 함께 기도합니다.

〈하늘이네 가족〉 2편

사랑: 성령의 열매 거실로 다 모여라. 예배 드리자.
전부 출첵 해봐.

사랑, 희락, 화평, 인내, 자비,
양선, 충성, 온유, 절제. 이상 9명 다 모였습니다.

사랑: 충성아~ 대표기도 해.
충성: 나는 부활이요 생명이라.
나는 부활이요 생명이라.
나는 부활이요 생명이라.

화평: 야~ 충성아 너는 그것밖에 할 줄 몰라~
충성: 형~ 아빠가 그것밖에 안 가르쳐 주었어~

화평: 온유야 네가 기도해~

온유: 나는 알파요 오메가니라.
나는 전능하신 하나님이라.

화평: 야~ 야~ 그만. 어째 너도 똑같냐.
내가 기도할게.

나는 부활이요 생명이라.
나는 알파요 오메가니라.
나는 전능하신 하나님이라. 아멘.

사랑: 여보~ 희락님 당신 기도 제목을 말해봐요.
희락: 나는 당신이 아이들과 친구같이 지내고
다양하게 표현도 하고 러블리하면 좋겠어요

사랑: 그게~ 마음은 원하는데 잘 안 돼~
희락: 우리 가족이 성령의 열매잖아요.
우리 모두가 합심하면 안 되는 게 없죠. ^^
당신 할 수 있어요.
인내: 아버님 최고예요~! 이쁜 며느리가 될게요.

†

주님
하늘이의 가정복음화를 위해
먼저 그리스도와 함께 아빠의 수평을
러블리하게 만들어 *자녀들과 친구*되게
해주시기를 기도합니다.

★ 댓글

1. 하늘아빠

아멘. 아멘. 할렐루야.

어릴 적 가정예배가 그립습니다.

오 하나님 아버지 도와주세요.

다시금 가정예배가 드려지길 간절히 기도합니다.

나는 전능하신 하나님이라.

나는 스스로 있는 자니라.

나는 부활이요 생명이라.

나는 알파요 오메가니라. 아멘.

2. 기현맘

아멘.

방장님 기도문 감사합니다.

기도문이 너무 은혜가 되어서 *빵* 터졌네요.

주님보다 더 좋은 친구는 없습니다.

친구 같은 아빠 엄마 자녀 모두 주님과 친구가 되며

성령의 열매로 아름답고

행복한 가정을 이루시기를 기도합니다.

3. 준하맘

늘 한결같이 기도하시는 하늘 아버님 존경스럽습니다.

방장님의 기도문에 저는 엄청 웃었네요.

오늘도 즐겁고 은혜롭게 기도하게 하시니 감사합니다.

평안한 밤 되세요.

〈하늘이네 가족〉 3편

◈

잠은 언제 자나.

아빠 사랑 님은
새벽 6시 *땡* 하면 일어나
새벽기도 일 빵을 도맡아 하지요.
상도 안 주는데~~^^
아차~ 하나님이 상 주시지.

그리고 출근을 해서 24시간 근무하고
그다음 날 아침에 퇴근합니다.
그러고는 또 잠을 자야 하지만
또 기도합니다.

나는 부활이요 생명이라.

알파요 오메가니라.

중보기도방 선교기도회 좋아요. 너무 좋아요. 외치며

꿈속에서도 기도합니다.

희락: 여보~ 기도는 좀 쉬고~ 잠 좀 깊이 자요.

사랑: 당신은 잠잘 때 숨을 안 쉬나요.

내가 하는 기도는 호흡이라

당신을 위해서도 호흡해야지요.

나는 전능하신 하나님이라

하나님께서 안 계셨더라면 당신도 없었고.

우리 화평, 인내, 자비, 양선, 충성, 온유, 절제

아이고~ 다 부르기도 숨차네.

우리 열매들이 다 없는 기라~

희락: 여보~ 미안해요. 그리고 당신이 최고예요♡

우리 당신 좋아요. 사랑해요♡

나도 함께 기도할게요.

나는 부활이요 생명이라.

나는 부활이요 생명이라.

나는 부활이요 생명이라. 아멘.

3일 만에 부활하셨으니 세 번만 하면 되지요.

이때

충성이가 등장하며

충성: 아빠, 성령의 총을 쏠까요?

사랑: 그래 아들아, 얼른 쏘아라.

충성: 사랑, 희락, 화평, 인내, 자비,

양선, 충성, 온유, 절제.

탕. 탕. 탕~

아빠 총알이 세 방밖에 없어서

아직 여섯 사탄이 안 죽었어요.

사랑: 주님 도와주세요.

용서하세요.

나는 전능하신 하나님이라. 아멘.

화평: 아빠가 하나님이래요~

사랑: 그래 내 속에 하나님이 계신단다.

아멘.

이리하여 잠도 못 자고 회사에서 틈틈이
성령의 총알을 모았지만 아직도 총알이 부족하여
가정복음화가 쬐금 덜 되었으니
주님께서 도와주시기를 기도합니다.

†

쉬지 말고 기도하라.
(데살로니가 전서 5:17)

'기도를 멈추지 마라.'는 메시지를 주셨습니다.
아멘.

★댓글

1. 하늘아빠

출근날 5시에 일어나고 퇴근하는 날 4시 30분에 일어나요.

하나님 아버지께서 피로를 회복하게 잠의 복을 주셨습니다.

나는 전능하신 하나님이라. 아멘.

2.기현맘

아멘.

방장님 기도문 감사합니다.

하늘이네 기도문만 읽으면 왜 이리 웃음이 날까요.

이 또한 하나님의 은혜인 줄 믿습니다.

항상 범사에 감사하며 기도하시는 하늘 아버님의 가정에

기도의 응답을 주시며 화평과 축복이 임하기를 기도합니다.

〈하늘이네 가족〉 4편

도봉구 ○○ 교회.

주일 오후 찬양 예배시간에 가족 특송으로

사랑님 아홉 가족이 나왔습니다.

목사님: 와우~

성령의 열매 가족이 나오셨군요.

모두 박수로 환영해 주셔요.

성도님들: 와~~ 와~ 👏👏👏👏👏(박수 손)

목사님: 무슨 찬양을 드리실 것인가요?

화평: 네~ *예수만 섬기는 우리 집*입니다.

목사님: 진짜 예수만 섬깁니까~

화평과 9열매: 네~~~네~~~네~~~

목사님: 네 대단합니다.

다시 박수 부탁드립니다.

성도님들: 👏👏👏 와~ 와~ 👏👏👏👏👏(박수 손)

가족: 사철에~ 봄바람~ 불어 잇고 ♬♬

하나님~ 아버지~ 모셨으니 ♬♬

나는 전능하신 하나님이라 ♬♬

나는 부활이요 생명이라 ♬♬

나는 스스로 있는 자니라 ♬♬

아~~아~~~아~~~멘 ♬♬

화평: 차렷~ 경례.

사랑, 희락, 화평, 인내, 자비,

양선, 충성, 온유, 절제.

목사님과 성도님들: 헐~ 헐~ 이기 무슨 노래고~

그리하여

아빠 사랑님의 평생 기도 제목인 *가족 특송*이

응답되었습니다.

아멘.

†

하늘아빠의 기도제목은

가정예배와 특히 가족 특송을 드리는 것입니다.

주님.

하늘아빠의 믿음과 중심을 보시고

위 기도제목이 2025년 안에 이루어질 수 있기를

선교기도회 모두가 합심하여 기도합니다.

★ 댓글

1. 하늘아빠

주 하나님 경배합니다. 찬양합니다. 찬송합니다.

나는 예배자입니다.

나는 알파요 오메가니라. 아멘.

2. 민혁엄마

아멘.

오메야~ 이기 뭔 일이고 왔다매~ 겁나 잼나브러~

나는 전능하신 하나님이라 ♬ 나는 부활이요 생명이라 ♬

나는 스스로 있는 자니라 ♬ 아~아~멘 ♬

지도 같이 불러보고 싶었어예~~

하늘아빠님예~ 나도 선교기도회 가족이니께

함께 특송 불러도 되지예~

음치 박치라서 쪼까 못 불러도 이해해 주이소~

주님.

하늘 아부지 하나님 억수루 사랑허니 기도 꼭 들어주이소.

선교기도회 가족들캉 빡시기 기도할랑께여~

〈하늘이네 가족〉 5편

화평: 아빠, 아파트 한 채 사주시면 장가갈게요.
사랑: 걱정 말거라. 좋은 집 계약해 놨으니.

화평: 정말이에요, 몇 평인데요?
사랑: 나중에 보면 안다.
가장 좋은 집이란다.

화평: 아빠 고맙습니다
지민아~ 우리 아빠가
겁나 좋은 집 계약해 놓았대.

지민: 정말~ 아버님 감사합니다.
사랑: 벌써부터 김칫국 마시지 마라.
계약은 했지만
아직 중도금과 잔금은 안 치렀다.

화평: 아빠 중도금하고 잔금은 언제 치르나요?
그리고 언제 입주할 수 있나요?
사랑: 그게 너와 며늘아기의 믿음대로 된단다.
평생 못 들어갈 수도 있고
집은 반석 위에 세우고 있으니.

화평: 띵~~~ 지민아, 우리 빨리 영접하자.
인내: 그래야죠.
아버님의 믿음으로 계약은 했으니
중도금과 잔금은 우리의 믿음으로 해야죠~^^

희락: 큰아들아~ 집은 반석 위에 장막집이 최고~
충성이도 미리 계약해 놨지요.
충성: 엄마, 나는 벌써 중도금도 냈어요.
이제 주님 입주하실 날도 멀지 않았어요.

사랑: 사랑하는 아들들아~ 우리 서로 사랑하자.
그리고 성령의 9열매가 모두 풍성하게
열리기를 기도하자.

나는 생명이요 부활이라.
나는 스스로 있는 자니라.

나는 전능하신 하나님이라.

아멘.

만일 땅에 있는 우리의 장막집이 무너지면
하나님께서 지으신 집 곧 손으로 지은 것이 아니라.
하늘에 있는 영원한 집이 우리에게 있는 줄 아느니라.
- 고후 5:1

†

하늘이네 가족이 모두 믿음의 반석 위에 집 짓고
성령의 열매 맺기를 기도합니다.

★ 댓글

1. 하늘아빠

하나님 아버지 도와주세요.

손용문: 사랑 송영란: 희락 손명주: 화평

김지민: 인내 손한주: 자비 손혁주: 양선

손하늘: 충성 손수아: 온유 손예영: 절제

하나님 아버지 은사로 살아갑니다.

나는 알파요 오메가니라. 아멘.

2. 두한맘

하늘아버님의 6남매 자녀들이

주님만 바라보고 믿음의 반석 위에 집을 짓는

믿음의 자녀들로서

어려울 때 서로 돕고 함께 극복하며

헤쳐 나가기를 기도합니다.

〈하늘이네 가족〉 6편

화평: 아부지요~ 이제 믿음으로 중도금도 치렀고
신랑되신 예수님 오시면 등불 켜고 있응께
새집으로 장가 갈라요.

사랑: 그래 아들아 네 믿음대로 될찌어다.
대신에 내가 놀러가면 하룻밤이라도 재워주라.
예수님 계싱께 나도 은혜받고 와야 된다 안카나.

화평: 아부지요~ 세상에 공짜는 없는 기라.
하루 숙박료로 기도 가지고 오이소.
나는 부활이요 생명이라 이것 말고요.
이제 *신 칼라 기도* 좀 가져 오이소.

인내: 아버님예~ 맞다 안카요.
우리는 신세대라서예~

나는 전능하신 하나님이라
이거 말고예 *예수님 사랑해요* 이런 게 좋아예.

그라고 *충성 도련님*에 도련님도
성령의 총을 쏴라 고만하고
보혜사 성령님 내주 해주세요 하고 기도하이소.

사랑: 아가야 손주는 언제 안겨 줄끼고~
인내: 아버님예
성경 속에 애 잘 받는 산부인과 아능교.
나는 거기 가서 아버님 손주 놀 끼라예.

사랑: 성경 속에 무슨 산부인과가 있노~
인내: 있어예~
아버님은 믿음 좋으면서 그것도 모리능교.

사랑: 거기 구약에 나오나 신약에 나오나. 모리는데.
희락: 당신은 그것도 모리능교.
절제 놓을 때 간 *에바다 산부인과* 아잉교.

사랑: 뭐라고 *애를 바다* 아~~에바다. ^^ 맞다, 맞다.
며늘 아가야~~근데 에바다 산부인과가

지금도 있는지 모르겄다~ 가보자.

†

하늘이네 성령의 9가지 열매가 풍성하게 잘 열려
천대까지 믿음의 반석 위에 집 짓는 아름다운 가정으로
예배와 찬양이 끊어지지 않기를 기도합니다.

손명주(화평) 김지민(인내)
예수 그리스도의 이름으로 결혼을 축복합니다 ♥

하나님의 노래 ♬

위 찬양은 신랑 신부를 위해 축가로 준비했습니다.

★ 댓글

1. 하늘아빠

하나님 아버지 감사합니다. 후손을 주셔서 고맙습니다.
믿음을 온전히 깨닫게 하소서.
성령 하나님 찾아가셔서 내주하소서.
나는 부활이요 생명이라. 아멘.

2. 준영아빠 / 목사님의 축복기도

아멘.
명주 군의 결혼을 축하드립니다.
하늘 아버지의 기도대로 이 가정 위에 하나님의 사랑이
부어지기를 기도드리며
모든 자녀들이 주님을 영접하는 은혜를 더하여
주시옵소서.

3. 후추아빠

아멘.

하늘이네 가족 기도를 마감하면서

웃음과 따듯한 마음이

많이 교차했지만 오늘 마지막 편 찬양과 함께 읽으면서

마음이 따뜻해지며 눈물이 고입니다.

하늘아빠의 많은 기도가

명주와 지민이의 새로운 출발에

거름이 될 것이라 믿습니다.

하늘이를 비롯한 6남매 그리고 새아가와 엄마 모두가

예수로 하나가 되어 행복하기를 기도합니다.

〈곰 세 마리〉 1편

♣

곰 가족을 소개합니다.

아빠곰: 지영아빠~ 속 터지는 곰탱이

엄마곰: 씩씩미르~ 정신없는 곰

애기곰: 아들지영~ 아리송한 곰

곰 세 마리가

한집에 있어 아빠곰~ 엄마곰~ 애기곰 ♬

아빠곰은 속 터져 ♬ 엄마곰은 정신없어 ♬

애기곰은 아리송해 ♬

어느 날

아들을 위한 기도방에 *정신없는 곰*이 나타났습니다.

아리송한 아기곰을 군에 보내놓고 정신없이
기도방을 돌아다니며 도배를 하고 다닙니다.

밤 12시가 되었습니다.
*정신없는 곰*은 모두가 잠자는 시간에 띵동 ♬ 띵동 ♬
정신없이 기도방마다 한 바닥씩
흔적을 남기고 다닙니다.
화가 난 방장 ☞ 잠 좀 자자~

여기가
아들을 위한 기도방인지~ 지 기도방인지
구분도 못 하는 *정신없는 곰*은 혼자 정신없이
돌아다닌다.
☞ 야~ 헤매지 말고 집에 가서 좀 자라.

♣

엄마곰이 이러고 있을 때 *속 터지는 곰탱이* 아빠곰은
사람이 되려고 굴속에 앉아서 성경 필사를 3년에 걸쳐
혼자 뒤도 안 돌아보고 기도는 니 혼자 해라 하면서
관심도 없다.
☞ 에이~ 미련한 곰탱아~ 기도방은 왜 가입했노~

이리하여
*정신없는 곰*과 *미련한 곰탱이*의 기도방 출현이
시작되었습니다.

♣

한편 훈련소의 ☞ *애기곰*은
에버랜드 재주 부리는 곰처럼 막대기 하나 들고
찔러총 돌려총 하면서 멋지게 아리송하게 폼을 잡지만
아무도 건빵을 주지 않습니다.

☞ 아~ 누가
나보고 잘한다고 칭찬하고 건빵이나 하나 던져 주세요.
나~ 폼 나잖아요.
☞ 우~ 집을 나오니 개고생이네~
아리송해. ☺ 아리송해. ☺

이리하여
곰 세 마리는 예수님 학교에 입학하였지만
전부 자기 개성을 나타내는 천방지축 곰 가족이
언제 사람이 되려나 기대하며 기도를 시작했습니다.

시작은 미약하나 끝은 창대하리라.

- 욥기 8:7

아멘.

★ 댓글

1. 지영엄마

아멘.

엄마곰의 열정이 은혜의 강물 되어

가정과 공동체를 적시어

성령의 불꽃이 일어나기를 기도드립니다.

아빠곰은 속 터질 때마다 성령의 기름을 부어주시고

애기곰은 말씀의 씨앗을 심기를 소망하며

곰 세 마리 가족이 예수님과 함께

행복하게 살아가기를 기도합니다.

방장님~ 너무 웃겼어요. ☺

2. 지영아빠

아멘.

곰탱이 곰이 인사드립니다.

저희 곰 세 마리를 위해 기도를 해주신

방장님 부방장님 그리고 모든 기도회 가족분들께

감사드리며

주님의 은혜가 우리의 삶에 넘쳐흐르기를 기도합니다.

3. 기찬맘

아멘.

ㅋㅋㅋ 방장님 어쩜 이리 빵 터지는 기도문을

쓰셨는지요~

감동입니다.

감사합니다.

하나님께서

지영 군으로 말미암아 기도하게끔

기도의 자리로 인도하신 줄 압니다.

씩씩미르 부방장님과 지영 아버님 그리고 지영 군

한 가정이

하나님의 말씀 위에 단단하게 세워져 가기를 기도합니다.

곰 세 마리 〈2편〉

2년 전 어느 날
애기곰 할아버지께서 하나님 품으로 가셨습니다.

아빠곰, 엄마곰, 애기곰 가족은
인천에서 양구로 달려갔습니다.

장례를 지르는 중 엄마곰은 쓰러지고 말았습니다.

아빠곰: 여보~ 여보~ 정신 차려요. 왜 그래요~
병원으로 옮겨졌지만 아무 치료도 할 수 없었습니다.
결국 실어증과 손 마비가 왔습니다.

어렵게 장례식을 마치고.
인천으로 돌아와 큰 병원을 갔지만 답이 없었습니다.

아빠곰: 방장님~ 엄마곰이 실어증과 손 마비 증세로
기도를 할 수 없으니 지킴이를 방장님이
당분간만 맡아주세요.
방장님: 아~ 네. 그러지 말고
지킴이는 당분간 내려놓으시라고 하세요.

아빠곰: 안 됩니다~
그러면 엄마곰이 실망하여
치료에 도움이 안 된다고
지킴이는 계속하겠다고 합니다.
방장님: 네 알겠습니다.
함께 기도하겠습니다.

아빠곰: 말도 못 하고 손도 쓰지 못하지만 눈으로
매일 기도문 읽고 있습니다.
방장님: 너무 무리하지 마시고 편하게 쉬라고 하세요.
기도방에 기도 올려서 합심하여 기도할 테니
매일 보여주세요.

아빠곰: 엄마곰이
죽어도 지킴이는 놓을 수 없다. 했어요.
그러니 방장님 기도해 주세요.

방장님: 곧 기적이 일어날 것이니 염려 말고

아빠곰도 기도 열심히 하시고

매일 나와 통화하여 상황을 알려주시면

매일 기도 올리겠습니다.

아빠곰: 아멘. 아멘. 감사합니다.

믿습니다.

☞ 위 기도 내용은 조금도 꾸밈이 없는 사실입니다.

†

착하고 충성된 종아

네가 적은 일에 충성하였으매 내가 많은 것을

네게 맡기리니 네 주인의 즐거움에 참여할지어다.

- 마 25:21

★ 댓글

1. 지영아빠

아멘.

그때의 일이 다시 생각이 납니다.

어떻게 해야 할지 모를 때 주님께서

기도하라는 답을 주셨고

방장님과 부방장님 그리고 기도회 가족분들의

중보기도로 이겨낼 수 있었습니다.

다시 한번 진심으로 감사드립니다.

우리의 마음 깊은 곳에서 우러나오는

간절한 기도가 되기를 기도합니다.

2. 지영엄마

아멘.

이 시기에 아들이 군입대를 했고

이 시기에 선교기도회를 만났으며

이 시기에 저는 다시 살아났습니다.

지금 이 자리에 있는 이유는

저의 마음이 여전히 주님을 향하고 있기 때문입니다.

엄마곰의 닫힌 입을 열어주신 주님과 방장님 부방장님
그리고 선교기도회 동역자분들께 감사드립니다.

3. 준영아빠 / 목사님의 축복기도

아멘.
좋지 못한 환경 가운데에서도
끝까지 기도줄을 놓지 않고
지킴이를 지켜주신 부방장님을 축복해 주시고
날마다 주님이 주신 은혜와 평강과 주님의 손길이
함께하시기를 기도드립니다.

〈곰 세 마리〉 3편

애기곰: 아빠 부대개방행사가 있어요.

어떡해요.

아빠곰: 글쎄,

엄마가 아파서 어떻게 해야 할지 모르겠다.

엄마곰: 당연히 가야죠. 무얼 망설여요.

(말은 못 하지만) 그렇게 표현을 했습니다.

아빠곰: (방장님께 전화하여) 어떡해야 해요.

방장님: 몸도 제대로 가누지 못하는데~

엄마곰: 주님께서 동행해 주실 거예요.

그러니 가요.

아빠곰: 네. 알았어요.

방장님 기도 부탁합니다.

그렇게 하여
휠체어를 차에 싣고 무사히 부대에 도착하여
행사를 마치고 펜션에서
아빠곰, 엄마곰, 아기곰이 함께했습니다.

그때
방장님이 아빠곰에게 전화를 했습니다.

방장님: (아빠곰에게) 엄마곰은 좀 어떤가요?
아빠곰: 네 방장님. 현재까지는 괜찮습니다.

방장님: 애기곰 좀 바꿔주세요.
애기곰: 안녕하세요. 저 애기곰입니다.

방장님: 그래 반갑다.
엄마는 우리가 지킬 테니
너는 염려 말고 나라를 잘 지켜~ 알았지.
애기곰: 충성~ 네 알겠습니다, 방장님.
그라모 건빵 한 봉지 줍니까~

방장님: 건빵 안에 보너스 별사탕도 넣어줄 테니
나라 잘 지켜~ 엄마는 괜찮을 거야.

예수님이 딱 붙잡고 계시니까 믿으라.

애기곰: 충성~ 감사합니다, 예수님~

믿음이 이기네 ♬

주 예수를 믿음이 이기네 ♬

이리하여

무사히 1박 2일 촬영을 마치고 다음 날

아빠곰과 엄마곰은

인천의 동굴로 복귀를 했습니다 ☞ 1박 2일~~

†

여호와께서

너를 실족하지 아니하게 하시며

너를 지키시는 이가 졸지 아니하시리로다.

-시 121:3

★ 댓글

1. 성준맘

아멘.

귀한 가족이 있어 감사한 하루입니다.

오늘도 가족을 위해 기도하는 날이 되기를 기도합니다.

2. 두한맘

아멘.

어려운 상황에서도 끝까지 우리가 붙잡을 수 있는 분은

예수님 한 분임을 고백합니다.

지영군 가정이 서로 존중하고 사랑하며

믿음의 가정으로

살아가기를 기도합니다.

3. 규태맘

아멘.

방장님 곰 세 마리 3편 감동. 기도문 감사드립니다.

방장님 전화 한 통화로 부방장님의 마음에

큰 힘과 위로를 받으시고

아프신 가운데도 애기곰 지영군 부대개방행사에

무사히 참여하시며

펜션에서 가족 모두 행복한 시간에 함께하심을

감사드립니다.

4. 준하맘

아멘.

아픈 엄마곰을 보는 애기곰의 마음이 어떠했을지~

그래도 잘 참석하게 하심을 감사드립니다.

힘든 시기도 잘 보내고 무사히 전역한 애기곰과

아픈 몸으로 군 바라지 한 엄마곰과

곁에서 지켜주신 아빠곰~

지영이네 곰 가족을 응원하며 믿음과 은혜가 충만한

가정이 되기를 기도합니다.

〈곰 세 마리〉 4편

♣

방장님이 아빠곰에게 전화를 걸었습니다.

방장님: 엄마곰은 좀 어떠세요.
아빠곰: 손은 조금씩 움직이는데 아직 말은 못 합니다.

방장님: 기도 댓글을 달던데 어찌 된 거예요?
아빠곰: 천천히 한 자 한 자 쓰지만
많은 글은 못 씁니다.

방장님: 무리하지 말고 몸부터 신경 쓰라고 하세요.
아빠곰: 아무리 말려도 안 됩니다.
기도만 신경 써요.

방장님: 조금씩 움직이는 것은 좋을 수도 있지만
무리는 절대 안 됩니다.
식사는 좀 하는가요.

아빠곰: 식사는 불편하지만 조금씩 합니다.
하나하나 기도하면서 잘하도록 하겠습니다.
방장님 감사합니다.

♣

또 며칠이 지나고 전화를 했습니다.

방장님: 엄마곰은 좀 어떠세요~ 목소리는 좀 나오세요?

아빠곰: 네 조금씩 말이 나옵니다.
안 그래도 엄마곰이
방장님께 먼저 전화드려야 한다고 했습니다.
잠깐만요, 바꾸어 드릴게요.

엄마곰: 바~바~방~자~아~님~
이 목소리는 지금도 생생합니다

방장님: 네~ 됐습니다.
말 많이 하지 마세요.
식사 잘하시고 몸은 절대 무리하지 마세요.

계속해서 안정을 취하세요~ 계속 기도할게요.

엄마곰: 네~에~에~

가~암~사~ (감사합니다)

방장님: 그만하세요.

끊을게요.

♣

저는 그때 그 순간을 잊을 수가 없으며
흥분과 감동 등 무어라 표현할 수 없을 만큼
감사합니다. 기도가 계속 흘러나왔습니다.

†

베드로가 이르되
은과 금은 내게 없거니와 내게 있는 이것을
네게 주노니
나사렛 예수 그리스도의 이름으로 일어나 걸어라 하고
오른손을 잡아 일으키니
발과 발목이 곧 힘을 얻고 뛰어 서서 걸으며

그들과 함께 성전으로 들어가면서 걷기도 하고

뛰기도 하고 하나님을 찬송하니

- 행 3:6~8

★ 댓글

1. 지영엄마

아멘.

주님 이 모든 은혜를 주심에 감사드립니다.

기도의 동역자를 붙여 주시고 함께 부르짖게 하시며

서로의 손을 붙잡고 주님께 나아가게 하신 것

얼마나 큰 은혜인지 모릅니다.

저희에게 주신

가장 큰 선물 예수 그리스도의 이름을 붙잡고

기도했습니다.

승리를 주셨음을 고백합니다.

어둠이 떠나가고 생명의 빛이 넘치게 하신 주님께

온 맘 다해 감사드립니다.

방장님 부방장님 함께 기도해 주신
모든 동역자분들께 감사의 마음을 전합니다.
무엇보다 끝까지 포기하지 않으시고
우리를 붙드신 주님께 영광과 찬양을 올려 드립니다.

2. 규태맘

아멘.
오직 예수님 한 분만 붙잡고 기도하신
간절하고 아름다운
부방장님의 고백을 들으신 하나님께서
치유와 회복의 은혜 주심을 감사드립니다.

기도문을 읽는데 감동의 눈물이 계속 흘러내립니다.
매일매일 은혜이고 축복입니다.

3. 기찬맘

아멘. 아멘.
기도문을 읽는데 소름이 돋네요
방장님은 더 그러셨을 듯요.

옆에서 지켜보는 가족분들도 수고 많으셨습니다.

모든 게 하나님의 은혜였노라밖에 할 수 없네요.

하나님 감사합니다.

우리가 숨 쉬고 말하고 듣고 보고 걷고 하는 모든 것이

하나님의 통치하에 있음을 고백합니다.

우리를 향하신 하나님의 그 크신 사랑에 감사드립니다.

〈곰 세 마리〉 5편

아빠곰: 여보~ 이제 괜찮아요~

엄마곰: 네~ 이제 멀쩡해서

방장님께 지킴이 다시 한다고 했어요.

당신도 고마워요~

당신이 함께해서 참 좋아요.

아빠곰: 나도 당신이 있어서 참 좋아~

이제 아프지 말아요.

엄마곰: 우리 하나님께 감사드리고 함께 기도해요.

아빠곰: 안 그래도 방장님께서

지킴이 하라고 하는데

어찌해야 할지 모르겠어요.

엄마곰: 모르기는요~

방장님께 말씀드리면 잘 이끌어 주실 거예요.

하늘아빠는 맨날

나는 부활이요 생명이라. 이것만 하는데도
지킴이 하는데요~

아빠곰: 방장님 저 지킴이 할게요.
방장님: 네 그러세요.
그리고 댓글은 다 달지 마시고
새벽기도/정오기도/취침기도 하루에 3번만
*아멘 함께 기도합니다*만 하세요.
아빠곰: 네 알겠습니다.

엄마곰: 여보~
당신 이제 굴속에서 성경을 3년이나 먹었으니
곰이 아니고 사람이 되었잖아요.
그러니 방장님께 *곰탱이*는 좀 떼달라고 해요
아빠곰: 방장님
저 이제 지킴이 하는데 *곰탱이*는 좀 떼주시면
안 되나요~
방장님: 아~그건 지킴이 하는 것 좀 보고 떼줄게요.
대신 *정신없는 곰*을 많이 사랑해 주세요.

이리하여
최초 *부부 지킴이*가 탄생했습니다.

보너스로 애기곰 *아리송한 곰*을 *착한 곰*으로

애칭을 바꾸고

무사전역을 위해 하나님께 전화해 드릴게요.

†

너희도

각각 자기의 아내 사랑하기를 자신같이 하고

아내도 자기 남편을 존경하라.

- 엡 5:33

★ 댓글

1. 하늘아빠

하나님 아버지 남자와 여자를

창조하신 이유가 무엇일까요.

말씀 안에서 순종하며 사랑합니다.

나는 부활이요 생명이라. 아멘.

2. 지영아빠

아멘.

저희 가정을 지켜주시고 사랑으로 이끌어 주신

주님께 감사드리며

좋은 기도문과 함께 찬양을 올려주신 방장님께

깊이 감사드립니다.

저희 부부는 항상 떨어져 있어서

같이 기도는 못 했습니다.

주님 없이 아무것도 할 수 없는 저희들입니다.

늘 저희와 함께하시고 주님의 뜻대로

인도해 주시기를 기도합니다.

3. 지영엄마

아멘. 함께 기도드립니다.

서로를 향한 존중과 사랑을 더하시고

믿음의 대화를 통해

더욱 하나 되어 주님이 기뻐하시는 부부가 되기를

기도합니다.

4. 민혁엄마

아멘.

둘이 하나 되어 가사가 참 은혜입니다.

방장님 미션도 감동이에요.

지영 아버님 부방장님 많이 사랑하시죠.

방장님 곰탱이는 좀 떼주세요. ^^

최초 부부 지킴이 탄생 되던 날도 잊을 수 없지요.

암행어사 출두요(암행 지킴이).

아직도 기다리고 있습니다.

하나님이 맺어주신 소중한 인연인 만큼

그리스도의 사랑 안에서 서로 사랑으로 섬기며

행복하시길 기도합니다.

〈곰 세 마리〉 6편

엄마곰: 여보~

아버님 기일인데 양구 시댁에 다녀와야죠.

아빠곰: 네 다녀와야죠~

이번에 형님들 예배드릴까요?

엄마곰: 우리가 기도했으니 하나님께서

들어주실 거예요.

어머님 때문에 나도 믿음을 가졌으니

이번에는 어머님의 기도가 응답될 거예요.

드디어 양구에 도착했습니다.

어머님께서

버선발로 뛰어나와 아들은 밀어제치고

며느리 *정신없는 곰*의 손을 잡으며

어서 오너라. 오느라고 *정신없었지?*
언제 정신 차릴래? ☺

엄마곰: 네~ 어머님
어젯밤도 잠을 잘 못 자서 그래요.
잠만 푹 자면 정신 있을 거예요. ^^

이때 두 분의 형님도 *어머니 저희 왔어요.* 하면서
곰탱이 너도 왔나~ 정신없는 제수씨도 왔네요.
방가~ 방가~ ^^

저녁이 되고 모두가 거실에 둘러앉았습니다.
어머님, 두 분의 형님, 곰탱이 아빠곰, 정신없는 엄마곰.

사철에 봄바람 불어 있고 하나님 아버지 모셨으니 ♬
고마와라 임마누엘 ♬ 예수만 섬기는 우리 집 ♬

어머님: 곰탱아~ 너가 대표기도 해라.
아빠곰: 어머니~ 저 기도 못해요.

어머님: 너는 선교기도회에서 암행지킴이도 했는데

왜 못해~ 빨리 해~

아빠곰: 네 알겠습니다.

나는 부활이요 생명이라.

나는 부활이요 생명이라.

나는 부활이요 생명이라 아멘.

큰형님: 야~ 곰탱아~ 기도는 그리하모 되나.

나는 다른 기도 배웠는데 해볼게.

나는 알파요 오메가니라.

나는 전능하신 하나님이라. 아멘.

작은형: 와~ 우리 모두 예수만 섬기는 가족이네.

할렐루야 ♬ 할렐루야 ♬ 하아렐~루야. 아멘.

†

이 약속은

너희와 너희 자녀와 모든 먼 데 사람 곧

주 우리 하나님이 얼마든지 부르시는 자들에게

하신 것이라 하고

- 행 2:39

★ 댓글

1. 지영엄마

아멘.

주님 감사드립니다.

방장님 감사드립니다.

너무 은혜이고 유쾌함에 빵 터졌습니다.

웃음이 기도입니다.

온 가족이 한자리에 모여 웃음과 은혜 가득한

시간을 허락해 주심을 감사드립니다.

먼 길 달려가서도 피곤함보다 기쁨이 넘쳤고

어머님은 저의 손을 꼭 붙잡으며 *괜찮니~* 하셨지요.

주님께서는 이미 우리 가족 모두를 은혜로 단단히

붙들고 계셨습니다.

아빠곰이 대표기도 할 때에 긴장하고 눈치를 보며

*나는 부활이요 생명이라.*만 세 번 외쳤지만

그 순수한 고백을 기쁘게 받아주셨지요.

큰형님과 작은형님께서 기도 자리에

함께해 주셔서 감사했습니다.
모든 가정이 주님을 향한 믿음으로
하나 되기를 소망합니다.

어머님의 눈물의 기도처럼 다음 세대에도 그 믿음이
흘러가기를 기도드립니다.

2. 지영아빠

아멘.
그때의 일이 생각납니다.
믿음 없는 형님들이 예배의 자리에 앉아 온 가족이
함께 예배드릴 수 있는
은혜 주심을 감사드립니다.
믿음 없는 가족들이 하루속히 주님의 자녀로 거듭나
주님 안에서 살아가기를 기도합니다.

3. 민혁엄마

아멘.

부방장님과 어머님의 기도를 주님께서 들어주셨네요.

사랑하는 며느리의 회복을 보시며 어머니께서

버선발로 뛰쳐나오실 만큼이나

기쁘셨겠지요. ^^

시댁 가족분들이 성령으로 하나 되어 기도하며

찬양 예배 드림이 은혜입니다.

방장님의 꽁트는 언제 보아도 신선하며 상상 그 이상입니다

부방장님 시댁 가족분들의 가정복음화가

속히 이루어지길 기도합니다.

〈곰 세 마리〉 7편

곰이 사람이 되는 후추아빠의 7계명을 적어봅니다.

1. 지가 똑똑하고 착한 줄 아는데~

   꿈 깨라.

   우리는 바보다(예수 바보면 더 좋고).

2. 무엇이든 지가 해결하려 한다~

   꿈 깨라.

   너부터 말씀으로 해결해라.

3. 사람을 가르치려 한다~

   꿈 깨라.

   사람은 가르쳐서 사용 못 한다.

   너나 말씀으로 가르쳐라.

4. 무엇이든 깊이 생각하지만 아무것도 못 한다.

잠만 설치고

밥맛도 없고

변비 걸린다.

생각하지 말고 기도하라.

5. 지난 일은 지난 일이다~

잡히지 마라~

좋은 일에 잡히면 자랑과 교만이 나오고

나쁜 일에 잡히면 자꾸 나쁜 일만 생기고

화딱지 나고 속 터진다.

6. 무엇에든지 집착하지 말라.

눈빛이 안 좋다.

항상 말씀 앞에 서 있으라.

7. 항상 자신의 자리를 벗어나지 말아야 한다.

남의 권리를 침해하면 월권이다.

♣

많은 것들이 있지만
곰 세 마리 드라마 기도를 7회로 마무리하려는데
나도 모르게 위의 기도가 나옵니다.

사랑하는 곰 가족에게
맛있는 떡보다 회초리를 주고 싶은 마음이 아닐까요.

마지막으로
위의 회초리 기도로 지영엄마의 영혼이 완전히
치유되고 회복되어 가정복음화가 이루어지고
지영이에게 복이 되기를 기도합니다.

★ 댓글

1. 준영아빠 / 목사님 축복기도

아멘.
지영 어머님과 아버님 지영 군 가운데
하나님의 사랑과 은혜가 임마누엘 되시는

주님의 축복이 항상 임하시기를 기도드립니다.

2. 지영엄마

아멘.

주님 감사드립니다.

방장님 감사드립니다.

말씀의 회초리로 저를 치셔서 감사드립니다.

이 회초리가 저희 가정을 살려서 기분 좋습니다.

은혜의 기도문 감사드립니다.

말씀과 기도로 훈련받고 성령의 충만함으로

예수 바보가 되어가는 저희 곰탱이 가족 훈련 중입니다.

말씀 없고 기도 없고 섬김 없는

미련 곰탱이로 살지 않기를 기도드립니다.

3. 준하맘

아멘.

부방장님 가정을 향한 방장님의 사랑하는 마음이

전해집니다.

곰 세 마리 가족이 주님의 은혜와 사랑 안에서

행복한 가정이 되기를 기도합니다.

4. 기현맘

아멘.

방장님 기도문 감사합니다.

곰 세 마리 7계명은 은혜입니다.

그동안 드라마를 본 것 같아요.

부방장님 기도에 응답해 주신 주님께 감사드립니다.

오직 믿음으로 예수 바보로 살아가는

그리스도의 가정을

이루시기를 기도드립니다.

〈야~ 야 나 잘 있다〉 1편

민혁 엄마가

아들을 위한 기도방의 *새벽기도와 꽁트* 그리고

옛날 아버지와 *추억을 담은 복음편지*까지

손으로 한 자 한 자 써서 정성껏 아버지께 보냈습니다.

아버지: 이기 뭐꼬~ 웬 편지가 다 오노~

(반가운 얼굴과 궁금한 얼굴로) 막내딸이네.

편지를 다 읽은 아버지는 딸에게 전화를 했습니다

아버지: 야~ 야 나 잘 있다~

내 걱정은 말거라.

막내딸: 예~ 아버지 아픈 데는 없어예~

띠 띠 띠~ 어~ 끊었네~

에이~ 내 말은 안 듣고 끊어버렸네.

사실
아버지는 귀가 잘 안 들려 자기 말만 하고
다른 사람의 말은 잘 안 듣고
전화해도 받지 않습니다.
그러면서 항상 아버지가 전화해서 말만 하고
끊어버립니다.

일주일이 지나서 또 편지를 보냈습니다.
아버지께서 또 전화를 했습니다.

아버지: 야~ 야 편지 잘 받았다.
나~ 잘 있다.
막내딸: 네~ 아버지. 뚜 뚜 뚜~ 어~ 또 끊었네~

일주일이 지나서 또 편지를 보냈습니다.
아버지로부터 또 전화가 왔습니다.

막내딸: (이번에 내가 먼저 말해야지) 아부지요~
아버지: (대답도 않으시고) 야~ 야 나 잘 있다.
그라고 이제 편지 보내지 마라.
맨날 *예수만 믿어라.* 카고 *나 안 믿는다.*
막내딸: 그게 아니고 뚜 뚜 뚜~ 어~ 또 끊었네.

아부지요, 나도 말 좀 하입시더.
혼자 그러기 있능교~ 참~ 나~

일주일이 지나서 또 편지를 보냈습니다.
그 편지 속에는 *날 구원하신 주 감사* 악보를
크게 확대해서 보냈더니 다음날 또 전화가 왔습니다.

아버지: 야~ 야 편지 잘 받았다~
그런데 이번에 보낸 노래는 좋더라

모든 것 감사하라 카고
니한테도 감사하라 카고
장미꽃한테도 감사하라 카고
우째 감사만 하라카노~
승질 날 때는 우째야 하노~

막내딸: 그게 노래가 아니고 찬양이지라~
뚜 뚜 뚜~ 어~? 또~ 끊었네~
아부지~ 나도 말 좀 합시더예~

〈드라마 배경〉

더 캠프에서
대구경북 아들 바보방, GOP방에 이어
아들을 위한 기도방을 개설하면서 바보방에서 만난
민혁엄마에게 부방장을 맡으라고 했더니
기도도 할 줄 모르고 결혼 후 몇 년 지나서는
교회도 안 나갔기에 못한다고 했지만

바보방에서 느낀 민혁엄마에게
*순종과 섬김*의 모습이 있는 것을 보고 재권유하여
아들을 위한 기도방을 함께 시작했습니다.

그러던 중
친정의 배경과
아버님의 얘기를 듣던 중에 구원이 시급하다는
마음이 들어 일주일에 한 번씩 손편지를 쓰라고
권유하여 편지가 시작되었습니다.

†

이와 같이 나중 된 자로서 먼저 되고

먼저 된 자로서 나중 되리라.

- 마 20:16

★ 댓글

1. 민혁엄마

아멘.

방장님 저희 아버지를 위해 오랜 시간 함께

기도해 주셔서 감사합니다.

아버지의 노래와 기도문이 저의 가슴을 울립니다.

귀가 어두우셔서 자녀들의 목소리조차 들을 수

없었던 아버지께

복음편지 한 통은 삶의 큰 위안이고 희망이었지

않으셨을까 싶습니다

편지가 도착하던 날이면

어김없이 저에게 전화를 주셨던

아버지의 음성은 아직도 잊을 수가 없습니다.

6남매의 아버지로 한평생 고생만 하셨던 아버지와 함께

기도의 마음을 나눌 수 있음이 은혜였습니다.

방장님께서 올려주신 기도편지를 함께 읽으셨던

아버지께서도

저희 기도회 한 가족이셨던 것이죠.

아버지께서 살아생전 마지막 생신날

기도회 가족분들이 올려주신

생일기도 댓글을 읽어드렸고

아버지께 작은 힘이 되고자

기도 답글을 모두 노트에 써서 보내드렸더니

전화로 하신 말씀이

야~ 야 나 울라고 이리 써 보냈나. 하셨습니다.

아버지께는 가족분들의 기도 답글이

너무도 은혜이었던 것이지요.

아버지의 영혼 구원을 위해서

처음부터 끝까지 사랑의 기도로

함께 섬겨주신 방장님과 부방장님

기도회 모든 가족분들께

감사 인사 드립니다.

저의 기도가 부족해서 늘 죄송할 따름입니다.

하나님의 사랑이 얼마나 따뜻하고 아름다운지

이곳 기도회를 통하여 깨달아 갑니다.

이곳에서 함께 하시는 모든 가정이 예수님만 섬기는

아름다운 가정 이루시기를 기도합니다.

2. 규태맘

아멘.

방장님 은혜로운 기도문 감사합니다.

아버지의 영혼 구원을 위해서 매주 손편지를 쓰신

부방장님의 귀한 편지를 보니

아버지를 향한 깊은 사랑의 마음이 느껴져서 눈물이

흘러내립니다.

아버님은 하나님을 영접하시고

딸과 아들에게 고맙다고 하시며

천국으로 가셨으니 하나님의 축복이고 은혜이며

사랑입니다.

우리도 가족과 이웃의 영혼 구원을 위해
더 간절하게 기도하고
사랑으로 섬기기를 기도드립니다.
아멘.

3. 기현맘

아멘. 함께 기도합니다.
친정아버님께서 천국에서 예쁜 딸을 지켜보시며
*고맙다~ 나는 주님 품에서 잘 지내고 있으니
걱정하지 말아라* 말씀하실 줄 믿습니다.

4. 준하맘

아멘.
아버지 많이 보고 싶으시지요.
막내딸의 간절한 기도와 사랑하는 마음을
고이 담은 편지들이 감동입니다.

〈야~ 야 나 잘 있다〉 2편

민혁 엄마는 4남 2녀의 막내딸로 태어났지만
어머니께서는 57세 이른 나이에
하나님 품으로 가셨기에
엄마의 사랑을 듬뿍 받지 못하고
두 아이의 엄마가 되었습니다.

친정집이 강원도 산골이라
당시에는 모두 어렵게 살았고
아무도 복음을 전하거나
믿을 수 있는 환경이 없었습니다.

그런 상황에서도 친정어머니의 기도가 있었습니다.
우리 아들 목사님으로 만들어 주세요. 기도했더니
결국 셋째 아들이 목사님이 되었습니다.

어머니께서는
성경을 읽을 수도 없고 교회도 다니지 못했지만
복음의 시작이었고 기도의 시작이었습니다.

이런 상황에서
아버님께서는 일찍 혼자가 되셨고
6남매의 기둥이 되셨습니다.

그런 세월 속에서
지인으로 인해 많은 상처를 받게 되었고
말없이 집을 지키며
당신께서 하실 일만 묵묵히 평생을 하셨습니다.

아버지의 마음은
아무도 위로하거나 아픔을 치유할 수 없었습니다.

둘째 아드님 내외와
오랫동안 함께 사셨고 또 다른 자녀분들의 기도와
왕래 속에 계셨지만 복음을 받아들이지 못했습니다.

예수님만이

위로자이고 기쁨이며 영혼을 살릴 수 있지만
예수를 모르는 아버님은 마음속 깊은 곳의
형상을 나타내지를 못했습니다.

이런 상황에서
시작된 막내딸의 편지는
아버님의 마음을 노크하기 시작했습니다.

'야~ 야 나 잘 있다.', '야~ 야 편지 잘 받았다.' 하고는
뚜 뚜 뚜~ 끊어졌던 전화는
아버지의 *아멘.*이었습니다.

♣

어머님의 기도는 땅에 떨어지지 않았고
셋째 아드님의 목사님 되심과
사랑을 가장 적게 받은 막내딸을 기도자로 세우셨고
그리고 그 기도가 아버님에게로 들어갔습니다.
야~ 야 나 잘 있다. 이 한마디가 막내딸에게
영원히 잊지 못할 음성이 되었습니다.

†

서원하여 이르되
만군의 여호와여
만일 주의 여종의 고통을 돌보시고 나를 기억하사
주의 여종을 잊지 아니하시고
주의 여종에게 아들을 주시면
내가 그의 평생에 그를 여호와께 드리고
삭도를 그의 머리에 대지 아니하겠나이다.
- 삼상 1:11

★ 댓글

1. 민혁엄마

아멘.
엄마의 간절한 기도와 섬김으로 저희 가정에 성령의 바람이 불어오게 됨이 은혜입니다.

셋째 오빠는 어려운 형편에도 어머니 기도의 소망대로
목회자의 길을 가셨고

많은 동역자분들의 섬김과 사랑의 손길로
목회자의 꿈을 이루셨습니다.

저 또한 함께 기도로 동역해 주신 방장님과 부방장님
그리고 가족분들의 기도와 사랑이 있었기에
여기까지 오게 되었습니다.

저희 아버지께서 예수님을 영접하시기까지
처음부터 끝까지 모든 것이
하나님의 은혜였습니다.

하나님의 계획과 인도하심이
저희 가정과 이곳 기도회를 통하여
하나의 기적을 보이셨던 것은 아닐까 싶습니다.

자녀의 삶이 평탄하기를 간절히 원하셨던
엄마 눈물의 기도와 사랑이 흘러 흘러
은혜의 강물이 되어
아버지의 예수님 영접까지 이루게 하셨으니
얼마나 큰 축복인지 새삼 깨닫게 됩니다.

가정의 복음화를 위한

가족분들의 간절한 기도와 사랑이 성령으로 하나 되어

사랑하는 부모님들과 자녀들에게도

그 사랑이 고스란히 전해져

구원에 이르기를 기도합니다.

방장님~

아버지께서 안 계시니 꼬꼬닭들이

어느 날 가출^^했다는 웃픈 이야기도 있네요. ^^

2. 성준맘

아멘.

어머님의 간절한 기도로 목사님이 집안에 계시고

그 기도를 이어서

우리와 지금도 함께 기도할 수 있어서 감사합니다.

가정에 복음이 전파되는 것은 너무 힘든 일이지만

끝까지 포기하지 않고 기도하는 모습이 감동입니다.

함께 끝까지 기도하겠습니다.

3. 준하맘

아멘.

어머님의 기도는 땅에 떨어지지 않음을 믿습니다.

부방장님 친정어머님의 기도가 이루어져

아들은 목사님이 되시고

예쁜 막내딸은 기도회를 사랑으로 이끄는

기도자가 되게 하심을 감사드립니다.

가정을 살리고 영혼을 살리는

기도하는 엄마가 되도록 노력하겠습니다.

기도회 가족분들 모두 평안한 밤 되세요.

〈야~ 야 나 잘 있다〉 3편

막내딸 민혁 엄마는
새벽기도문을 노트에 매일매일 손으로 기록하며
몇 권의 기도 책자를 만들어 아버지께 보냈습니다.

사진 속 아버지의 모습처럼

하나도 빠짐없이 다 읽으며 편지와 노트를 차곡차곡
모았습니다.

아버지: 야~ 야 편지 잘 받았다.
　　　　인자 보내지 마라.
막내딸: 아부지요~ 뚜 뚜 뚜~
　　　　또 끊었네.

민혁 엄마는

아버지와 오빠와 언니가 드실 과자 간식을 잔뜩 사서 택배로 보냈습니다.

새언니: 아가씨~ 뭘 이렇게 많이 보냈어요.
아가씨: 아버지께 조금씩 언니가 챙겨 드리고 오빠와
언니도 함께 드세요.
언니 언제나 고맙습니다.

새언니: 아버님께서 마음을 힘들게 해서 가끔은 나도
짜증을 낼 때도 있어요.
아가씨: 당연하죠~ 제가 함께 기도할 테니
언니도 아버지를 위해서 기도 많이 해주세요.

아버지 생신날 나는 남편과 함께 친정을 갔습니다.

아버지: (1년 동안 보낸 편지와 노트를 모두 모아서
내 앞에 내어놓으며 밤새도록 다 읽으셨다고)
니~ 이거 어디서 빼꼈제 하시며

이거 다 가져가라.
여기에 두면 나 죽고 난 뒤
다 불에 태우니 가져가라.

그리고 이제 그만 보내라~

막내딸: (다시 밀며) 그냥 두고두고 읽으세요.

또 편지할게요.

이렇게
1년 이상 보낸 편지와 노트는
결국 아버지의 유품으로
다시 나에게 돌아왔습니다.

♣

후추아빠
나는 부방장님의 일기처럼 기록한
새벽기도 노트를 보고
용기를 내어 *7송이의 꽃*을 출간하였습니다.

부방장님의 기도편지는
아버님과 친정 그리고 후추아빠와 기도회에
많은 영향을 끼쳤습니다.

†

두세 사람이

내 이름으로 모인 곳에는 나도 그들 중에 있느니라.

- 마 18:20)

★ 댓글

1. 민혁엄마

아멘.

밤새도록 잠도 안 주무시고 기도 노트를 읽으시던

아버지의 모습이

아직도 눈에 선합니다.

아부지요~

방장님께서 쓰신 거 빼껴서 지송합니데이. ^^

아버지께서는 본인이 안 쓰고 아껴 두셨던

모든 것들을 자녀들에게

하나하나 나누어 주셨지요.

손편지를 돌려주시는 아버지께
*아버지 또 편지 보내드릴 테니
그때까지 받으신 것 읽고 계세요* 하고
말씀을 드렸는데 끝까지 고집을 꺾지 않으셨지요.

아버지의 유품은 다양했습니다.
편지와 기도 노트 성경책과 오디오와 간증 테이프 그리고
막내딸이 학창시절 아껴두었던 용돈으로
아버지 생신에 사드린 손수건까지~
모든 것이 아버지의 사랑이지요.

방장님께서
저의 기도 노트를 보시고 *7송이의 꽃*을 출간하심도
참 놀랍고 감동입니다.
우리들의 기도가 삶의 현장에서
살아 숨 쉬는 복음의 씨앗이 되도록
늘 앞장서서 이끌어 주시는 방장님께 깊은 감사를 드립니다.
방장님의 드라마 기도는 언제나 감동이며 은혜 가득입니다.

한 가정 한 가정 함께 참여하여
더 많은 분들께 복음이 삶으로 전해지기를 기도합니다.

2. 강현맘

아멘.

부방장님의 아버지에 대한 사랑과 섬김에
열매 맺게 하신 하나님의 은혜에 감사드립니다.

한 자 한 자 애타는 마음으로 적으셨을 기도문이
아버지의 유품으로 다시 돌아오게 하시고 편지를 보실 때마다
사랑과 그리움이 커지실 것 같네요.
천국에서 다시 만날 수 있는 소망이 있음에 감사합니다.

함께 기도할 수 있음에 감사한 밤입니다.
모든 가정에 복음화가 이루어지기를 함께 기도합니다.

3. 건희맘

아멘.

아버님을 향한 부방장님의 기도와 사랑이 감동입니다.
막내 따님의 간절한 기도가 있었기에
아버님께서 예수님 영접 후 평안함으로
주님 품에 안기셨을 것입니다.

부방장님의 귀한 섬김을 함께 배우고

한마음으로 가정복음화를 위해 기도합니다.

〈야~ 야 나 잘 있다〉 4편

민혁엄마: 방장님~
　　　　우리 집안 *삿갓봉 사람들*이라는 밴드에
　　　　우리 기도문 한 번씩 올려볼까요?
후추아빠: 밴드 가족이 몇 분이에요?
민혁엄마: 네, 18명입니다.

후추아빠: 오빠 목사님도 계신데 조심스럽긴 하지만
　　　　우선 월요일마다 취침기도 중 하나 골라서
　　　　일단 반응을 보세요.

그로부터 2년 가까이 일주일에 한 번
또는 시리즈 기도는 매일 지금까지 올리고 있습니다.

그로 인해 큰오빠와 조카들 목사님과 사모님까지
반응을 보이기 시작했고

눈에 보이지 않는 변화가 있었습니다.

민혁엄마: 우리 예삐에게 방장님이 쓴 기도문을
매일 하나씩 보내며
오타 검사 좀 해줄래 했더니
꼼꼼하게 다 읽고 오타 체크도 했지만
많은 기도문을 읽게 했었고
나름 대화도 하면서 모녀간에 관계 변화와
딸의 신앙에 대한 의식의 변화도 왔습니다.

후추아빠: 잘하셨네요.
그리고 가끔 예삐를 위한
기도 시를 써줄 테니 선물로 주세요.

예삐엄마: 친구들과 지인들도
차츰 분위가 바뀌어 가네요.
기도를 시작한 이후 모든 사람의 관계가
바뀌는 것 같습니다.

후추아빠: 복음은 의도적으로 전하는 것이 아니라
성령께서 기도하는 사람을 통하여
나타나고 그 향기가 전해집니다.

종교하고 상관없이 복음은 들어갑니다.

♣

오늘은 드라마라기보다
부방장님의 복음을 전하는
기본적인 자세를 나타내어 보았습니다.
2년 동안 본 부방장님의 삶의 모습은
순종과 섬김으로 사는 복음의 삶이었습니다.

주변에 많은 지인에게
복음의 모습을 보였고 나누는 삶이기에
가족과 지인들의 변화를 들을 수 있었습니다.

뿐만 아니라
용산교회 역둔교회
그리고 은퇴하신 옛 목사님과 일본 등
아는 사람 모두에게 복음을 나누었습니다.

†

그리스도인은
자신의 삶을 그리스도께 드리는 삶이며
또 그렇게 자신과 가족 그리고 주변 어느 곳이나
그리스도인으로 살아가는 것입니다.
우리 모두가 그리스도인으로 살아가기를 기도합니다.

★ 댓글

1. 민혁엄마

아멘.
방장님 부끄럽습니다.
이렇게 기도문 올려주시니 제가 할 말이 없습니다.
모든 것은 주님께서 하셨습니다
주님의 은혜입니다.

항상 자녀들과 친정 식구들에게도 부족함이 많은 저입니다.
그래도 다들 이뻐해 주시고 사랑해 주시니 감사할 뿐입니다.

방장님께서 이끌어 주시지 않으셨다면

오늘의 저는 없을 것입니다.

기도하는 삶이 저를 변화시킨 것이죠.

저의 교만함도 내려놓게 하시고

오직 기도로 모든 상황을 바라보게 하시니 부족하지만

말씀 앞에서 더 겸손히 낮아진 모습으로 순종하겠습니다.

부족하지만 앞으로도

이곳 기도회 가족분들을 품고 사랑으로 섬기기를 기도합니다.

2. 하늘아빠

아멘.

하나님 아버지 감사합니다.

우리 중보기도방 선교기도회 멋진 리더분들 고맙습니다.

나는 부활이요 생명이라.

아멘.

3. 상명맘

아멘.

지금까지 부방장님의 따뜻한 마음으로 나누어 주신

주님의 사랑과 섬김의 은혜에 감사드립니다.

부방장님의 기도를 통해

주님의 향기를 전하는

축복의 통로가 되게 하여 주심에 감사드립니다.

부방장님 아름다운 섬김의 모습을

주님께서 기쁘게 받아 주실 줄 믿습니다,

주님의 인도하심으로 부방장님의 기도가 응답되고

복음의 열매들이 풍성하게 하여주시길 기도합니다.

방장님과 부방장님께서

주님 안에서 협력하여 선을 이루는 은혜를 허락하시고

늘 믿음의 동역자로

주님을 온전히 사랑하는 은혜를 주시기 기도합니다.

〈야~ 야 나 잘 있다〉 5편

아버지께서
편지를 받으신 지 어느 정도 지나서 변화가 왔습니다.

친정집에는 둘째 오빠와 새언니가
시집을 오면서부터 아버지를 모시고 살았습니다.

하지만
아버지의 무뚝뚝하면서도
까탈스럽고 날카로운 성격이었기에
새언니는 무척이나 힘든 삶이었습니다.

새언니가
형편이 어려워 끙끙대고 있는 어느 날
구두쇠인 아버지께서 쌈짓돈 80만 원을 주시며

아버지: 야~ 야 이 돈 받아서 살림에 보태 써라.
새언니: 아니~ 아버님께서~ (뒷말을 잇지 못하고)
감사합니다. (하며 두 손으로 받았습니다)

평소에 돈 한 푼
쓸 줄 모르는 아버지에게 80만 원은 거금이었습니다.

그러고는
아버지는 자신의 삶을 하나씩 정리하기 시작하면서
전과는 다르게 언어도 부드러워지시며
이미 영접을 하신 것 같았습니다.

그 후 나는 또 아버지께 편지를 써서
시집과 함께 보내었습니다.
또 전화가 왔습니다.

아버지: 야~ 야 나 잘 있다.
시집은 다 읽었으니 와서 다 가져가라.
막내딸: 아버지~ 뚜 뚜 뚜~ 어~ 또 끊었네~

이렇게
아버지의 마지막 딸과의 사랑의 대화는

'야~ 야 나 잘 있다.', '인자 편지 보내지 마라~' 등
짧은 몇 마디의 말은
*딸아~ 고맙다. 사랑한다.*였습니다.

†

새 계명을 너희에게 주노니
서로 사랑하라. 내가 너희를 사랑한 것같이
너희도 서로 사랑하라.
- 요 13:34

★ 댓글

1. 민혁 엄마

아멘.
결혼 후 *처음 시작부터 아버지의 마지막까지* 함께 섬겨주신
둘째 오빠와 새언니 두 분께 부족하지만 감사기도문을
삿갓봉 밴드에 올려드렸던 것을 공유해 봅니다.

감사기도

오늘은 28년간 아버지를 모시고 살아온
둘째 오빠와 새언니께
감사기도문을 올려드립니다.

아버지를 모시고 살면서
알게 모르게 식구들에게 말도 못 하고
힘들고 어려운 점도 많았을 것이라 봅니다.

하루 세 끼 식사 챙겨 드리는 일은
여자들에게 만만치가 않습니다.
바쁜 농사철에는 아버님의 식사와 농사일 그리고 가사 일과
대소사 등을 도맡아 하신 두 분께 진심으로 감사드립니다.

친정집과 멀리 산다는 이유와
남편의 사업이 바쁘고 어렵다는 이유로
힘들고 어려웠던 순간에
함께하지 못함도 죄송합니다.

두 분의 헌신과 수고가 있었기에
우리 6남매가 모두 화목하게 지낼 수 있었던 것 같습니다.

비록 아버지의 빈자리는 가족들에게 채워드릴 수 없지만

서로의 마음을 나누며 함께 기도할 수 있어서 은혜가 됩니다.

둘째 오빠와 언니, 두 분 영육의 강건함을 기도드리며

앞으로 모든 삶의 여정이 항상 평안하시기를 기도합니다.

2. 성준맘

아멘.

아름다운 가족사진을 볼 수 있어서 감사합니다.

기도문 속에 귀한 스토리가 너무 아름답고 존경스럽습니다.

같은 여자로서 얼마나 큰 희생과

어려움이 있었을까 생각합니다.

새언니분과 오빠분의 사랑과 헌신에 고개 숙여 감사드립니다.

가족들의 영육 간의 건강함이 지속되기를 기도합니다.

3. 기현맘

아멘.

방장님 기도문 감사합니다.

친정아버님께서 사랑하는 막내딸에게 보내는 찬양에

눈물이 흐릅니다.

아버님의 마지막 생신상을 기쁘게 받으셨을 것입니다.

둘째 오빠분과 올케언니께서

아버님을 모셔 온 섬김 또한 감사합니다.

이제 육으로는 볼 수 없지만 천국에서 흐뭇하게 바라보시며

야~ 야 나 잘 있다. 말씀하실 것 같습니다.

저도 천국에 계신 친정아버지께 한 번도 하지 못했던 말

아빠 사랑합니다. 불러봅니다.

우리 선교기도회 가족들은

부모님 살아 계실 때

가족구원을 꼭 이루시길 한마음으로 기도드립니다.

〈야~ 야 나 잘 있다〉 6편

어느 날 밤
아버님은 심한 복통이 일어나서
가까운 병원을 갔으나 소용이 없어
제천 큰 병원으로 긴급 이송되었습니다.

진단 결과 장이 꼬여서 회복이 불가능 상태라며
기적을 바랄 뿐
할 수 있는 것은 기도뿐이었습니다.

아들 목사님을 비롯해
가족들이 모여들고 막내딸도 연락을 받고
제천 병원으로 향했습니다.

다음 날 셋째 아들인 목사님의 인도로 예배가 드려졌고
아버님은 *아멘.*으로 답하며 영접을 하였습니다.

아버님은
아들과 며느리 딸과 사위
그리고 손주들에게 인사를 다 나누었지만
통증을 견디며 누군가를 기다리고 있었습니다.

그리고 막내딸과 사위가 도착하자
힘겨운 몸과 정신을 끝까지 붙잡고
막내딸의 손을 잡으며
이제 다 봤다.
하신 말씀은 *다 이루었다.*였습니다.
그리고는 얼마 지나서 하나님 품으로 가셨습니다.

앗~ 그런데
좀 전에 천국에서 전화가 왔습니다.

★ 야~ 야 나 잘 있다.
이제는 귀도 잘 들리니~ 기도 많이 해라.

♣

장례를 다 치른 후
어느 날 6남매의 온 가족이

용산교회에서 예배를 드렸고
이때 가족 전체 앞에서 처음으로
말씀을 전하신 목사의 말씀 영상을
함께 첨부합니다.

또한
부방장님은 그 후로 지금까지
*삿갓봉 밴드*에 말씀과 기도를 올리며
전 가정복음화를 위해 기도합니다.

★ 댓글

1. 준영 아빠 / 목사님의 마무리 기도

아멘.
그동안 역사하신 하나님의 구원의 스토리를 방장님을 통해서
그리고 부방장님의 삶과 복음 전도를 통해서
아버님을 구원케 하신
하나님을 알게 해주심을 감사드립니다.

우리 자신도

믿음으로 항상 하나님을 바라보면서 믿지 않는 가족을 위해
기도하고 복음을 전하는 모습이 되기를 기도합니다.

믿음 생활을 하지 않는 군 생활 중에 있는 우리 자녀들도
군에 있는 동안 예수 그리스도의 복음을 받아들이고
구원에 이르는 은혜를 더하여 주시옵소서.

2. 건희맘

아멘.
아버님 천국에서 자녀분들의 기도를 잘 듣고 계시죠.
그곳에서는 모든 게 행복하시죠.

방장님의 귀한 기도문 감사합니다.
오늘도 많이 배우고 깨닫는 하루였습니다.
선교기도회 가족분들과 기도하며
영적으로 저에게 많은 변화가 되어지며
모든 시간들이 간증의 시간이 되어질 수 있기를 기도합니다.

3. 규태맘

아멘.

방장님 *야~야 나 잘 있다*

1편부터 6편까지 너무 감동입니다.

아버님께서 심한 복통에도

막내딸이 올 때까지 아픈 몸을 붙잡고

*이제 다 봤다.*하신 말씀이 너무 감격이고 울컥합니다.

아버님께서

천국에서 *야~야 나 잘 있다.*, *이제는 귀도 잘 들리니.*,

기도 많이 해라. 하시는 말씀이

제 곁에서 말씀하시는 것 같아 은혜롭습니다.

선교기도회 가족분들과 날마다 함께 기도하면서

저의 신앙을 돌아보게 되고 매일 감사와 은혜로 살게 하시며

매 순간 기도할 수 있음을 감사드립니다.

4. 민혁엄마

아멘.
아버지께서 막내딸까지 다 보셔서 너무 기뻐하셨습니다.

아버지께서 주님 품에 안기기까지
많은 분들의 기도와 사랑이 있었습니다.
저희 아버지 예수님 영접을 위해 함께 기도해 주신
방장님과 기도회 모든 가족분들께 감사 인사를 드립니다.

특별히 드라마 기도로 저희 가족을 선정해 주시고
은혜로운 기도로 기도회를 빛내주신 방장님께
다시 한번 감사드립니다.

*야~ 야 나 잘 있다.
너도 아프지 말고 건강하그레이~
기도 똑띠하고 알긋제~*하고
오늘도 아버지는 말씀하시네요. ^^

아버지께서 돌아가시고 가족들이 모여 가정예배 드림도
참 은혜입니다.
육신이 연약한 어린 시절을 보낸 셋째 오빠를

하나님의 종으로 부르셨고
첫 사역지부터 지금까지 강원도 시골 작은 교회에서
성도님들을 사랑으로 섬기며
목회자의 길을 묵묵히 걸어가신
오빠와 새언니의 귀한 섬김에 감사드립니다.

1편부터 6편까지
저희 가정 드라마를 기도문을 쓰시고 시청해 주셔서
모두에게 감사드립니다.
저희 아버지께서도 손 하트를 멋지게 날리시며
고맙다고 하시네요. ^^

주님,
규태네 가정 기도도 감동 백배로 만들어 주세요.
방장님
며칠 동안 너무 많이 울어서 오늘은 울지 않을래요. ^^

주님께서 함께하시고
기도회 가족분들이 언제나 함께해 주시니
든든하고 너무 행복합니다.

저희 6남매 한 분 한 분이 주님 만나는 그날까지

함께 기도할 수 있다면 더욱 영광이겠지요.

기도회 모든 가족분들의 가정복음화를 위하여

끝까지 함께 달려보아요.

오늘이 *마지막 편*이라 하니 조금 아쉽기는 하지만 ^^

방장님 그동안 정말 수고 많으셨습니다.

모두 모두 고맙습니다.

감사합니다.

〈바보가족〉 1편

출연진

규태아빠: 아들바보

규태엄마: 똑똑바보

규태: 군대바보

그 외 친정아버지와 어머니

아버지: 야~ 야 나 아프다. 병원 좀 가자.

어머니: 나도 아프다. 병원 좀 가자.

똑똑바보: 어디부터 가야 하나.
　　　　　하나님 좀 가르쳐 주이소.

하나님: ☞ 니가 알아서 잘했잖아.
　　　　니 알아서 해~

아들바보: 여보~ 나 출근해야 돼. 와이셔츠 좀 주어.
　　　　　넥타이도 그리고 양말도.

군대바보: 엄마~ 외박이니 좀 데리러 와요~
회사: 실장님~ 언제 출근하세요?

똑똑바보: 회사 출근도 해야 하는데
몸이 열 개라도 모자라네.
이럴 때는 *슈퍼우먼*이라도 되면 좋을 텐데.
이러니 나도 병이 나지~

똑똑바보: 아버지 여기 휠체어 앉으세요~ 병원 가야죠.
아버지: 딸아~ 엄마는 어쩌나~ 잘 보이지도 않으니.
똑똑바보: 여보~ 엄마 병원 좀 부탁해요.
내가 아버지 모신 다음 엄마한테 갈게요.
아들바보: 괜찮아요. 내가 모실게요.
당신은 아버님께만 신경 쓰세요~
똑똑바보: 여보~고마워요~

♣

규태네 가정을 간략하게 정리합니다.

친정아버지: 양쪽 무릎 인공관절 수술로 거동 불편과

그 외

친정어머니: 뇌경색으로 시력 장애, 경증치매증상 그 외
뇌병변 장애 4급
혈액이 응고되지 않아 임플란트 못 함
앞니만 남아 씹는 식사 거의 못 함
어린아이 같지만 의사소통 양호 숙면
그 외 종합병원~

규태맘: 유방암 0기와 그 외 자궁내막증 하혈 10년
여성질환 등 제거 수술을 통하여
현재 모두 양호

규태아빠: 무지~ 착함, 애처가에 아들 바보
규태이모: 목사님과 사모님(현재 목회 중)
규태: 왼쪽 시력 장애(현재 군 복무 중)

이렇다 보니
규태맘께서 친정 부모님을 가까운 곳에 모시고
모든 케어를 책임지고 있으며 또 직장인으로
주부로 1인 다역을 하면서 어느 한 곳도
소홀함이 없는 효녀 슈퍼우먼입니다.

♣

다소 내용의 차이가 있고

또 병명을 간단하게 정리하였습니다.

중요한 것은 영적 메시지와 치유에 중점을 두었습니다.

†

수고하고 무거운 짐 진 자들아 다 내게로 오라.

내가 너희를 쉬게 하리라.

- 마 11:28

★ 댓글

1. 규태맘

아멘.

방장님 저희 바보가족을 위해

은혜의 기도를 올려주셔서 감사합니다.

아버지와 엄마가
오랜 시간 동안 많은 질병을 앓고 많은 고비를 넘겼지만
아버지의 긍정적인 생각과 두 분의 사랑과 섬김의 모습이
아름답습니다.

지금까지 하루하루 귀한 시간을 보내시는
부모님의 모습을 볼 때마다
매일매일이 하나님의 축복이고
주님께서 주시는 기적이고 은혜입니다.

아버지가 보청기를 끼고
저랑 통화할 때도 잘 못 알아들으시는데
옆에 엄마가 계시면 통역을 해주셔서 가끔 많이 웃습니다.

그래서 카톡하는 방법을 아버지께 알려드렸습니다.
시력은 잘 보이니 카톡은 보시더라고요.

*수고하고 무거운 짐 진 자들아 다 내게로 오라.
내가 너희를 쉬게 하리라.*
하신 말씀처럼 제가 지고 있는 짐을
주님께서 함께하여 주시니 감사를 드립니다.

저희 가족을 위해서 지속적으로 기도해 주시는
방장님과 부방장님 두 분 그리고 기도회 가족분들
함께 기도해 주셔서 감사를 드립니다.
저도 기도회 가족분들과 함께 합심하여
쉬지 않고 기도드리겠습니다.

2. 두한맘

아멘.
규태엄마의 무거운 짐을 나 홀로 지지 않고
착한 규태아빠께서 서로 도우며
함께 장인 장모님을 정성으로 모시는
두 분의 섬김이 아름답고 감동입니다.

규태아빠, 엄마 두 분의 영육의 강건함 주시기를 기도합니다.

3. 준하맘

아멘.
규태 어머니는 정말 슈퍼우먼이시지 말입니다.

항상 밝으신 것 같아 존경스럽습니다.

규태 어머니의 영육의 강건함을 위해 함께 기도합니다.

〈바보가족〉 2편

똑똑바보: 여보~ 규태가 이제 군에 입대하는데
왼쪽 시력이 안 좋은데 괜찮을까~
아들바보: 그래요~
나도 그게 걱정이 되어 죽겠는데~
우짜믄 좋노~

똑똑바보: 여보~ 우리 더 캠프에 가입해서
기도라도 해야죠.
아들바보: 기도한다꼬 되나.
니나 해라~
나도 같이 입대할까 보다~

똑똑바보는 역시 똑똑해서
더 캠프에서 후추아빠 기도글을 찾았습니다.

똑똑바보: 자토방에 올라온 새벽기도,

훈련병을 위한 기도와 취침기도를 읽으며

속으로만 *아멘 아멘.* 했습니다.

그때 갑자기 천사가 나타나서

천사: 니 속으로만 암만 *아멘* 하면 뭐 하노.

입술로 고백해야지.

똑똑바보: 천사님~

제가 엄마 아빠 일과 직장으로

허벌나게 바빠서

그냥 시간 되는 대로 읽고

속으로만 *아멘* 합니다.

천사: 그래~

나도 억수로 바빠서 시간 날 때 니한테 와서

아멘 또 했냐 하면서 묻고만 갈게.

아멘 마이 하고 바쁜 일 마이 해라. 나 간다~

누가 이름 지었는지 자~알~지었다. *똑똑바보*

똑똑바보: 천사님~

제가 이리 기도하는데

우리 규태 잘 지켜주셔야죠.

천사: 그래~

니가 그리 기도하니 나도 이리 한다 안카나.

지는 지 뜻대로 하면서 나는 내 뜻대로 몬 하나~

내가 니한테 지금 해줄 말은

기도가 어떤 긴지 똑띠 예수님께 물어봐라.

예수님은 지 때문에 생명도 주셨는데

지는 마음도 안 주네~

†

그가 찔림은

우리의 허물 때문이요

그가 상함은 우리의 죄악 때문이라.

그가 징계를 받으므로 우리는 평화를 누리고

그가 채찍에 맞으므로 우리가 나음을 받았도다.

- 사 53:5

★ 댓글

1. 규태맘

아멘.

방장님 저희 규태를 위해 치유의 기도를

지속적으로 올려주셔서 감사합니다.

규태를 보낼 때 부동시의 눈 때문에 걱정을 많이 했습니다.

신체검사를 받고 공익으로 요청해 볼까 했는데

규태 아빠가 현역으로 가서

남자답게 군 복무하라고 입대시키고

'규태가 눈 때문에 많이 힘들어하지 않을까~'

규태 아빠가 걱정을 더 많이 했습니다.

부대로 보내고 제가 할 수 있는 것은 기도밖에 없었기에

더 캠프에서 후추아빠님 기도문을 보고

규태에게 톡으로 보내었습니다.

한마음으로 기도회 가족분들과 함께 기도해야 하는데

왜 그리 쑥스럽고 중보기도가 힘들었는지

방장님과 부방장님의 지속적인 관심과

저희 부모님과 바보가족을 위한 기도로

기도회 가족분들과함께 기도할 수 있어서 은혜이고

매일매일이 행복합니다.

표현이 없는 규태는

다행히도 군 생활 적응을 잘하고

벌써 입대한 지 10개월이 지났습니다.

병원에서 치료가 안 된다고 했지만

추후 시력교정을 위해 검사하고 치료할 때

인간이 할 수 있는 것은 아무것도 할 수 없음을 알고

실로암의 은혜가 있기를 기도합니다.

2. 상명맘

아멘.

주님 규태 군에게 치료의 빛을 비추어 주시옵소서

치유의 기름을 부어주시옵소서.

우리 하나님은 살리는 영입니다.

부활의 영이며 생명의 영입니다.

치유의 영입니다.

하나님의 영으로 충만케 하옵소서.

주님의 사랑의 손길과 능력의 손길이 느껴지게 하옵소서.

그리스도의 이름으로 기도합니다.

3. 은혁맘

아멘.

하나님을 사랑하는 마음과 시간

그리고 뜻과 정성을 다하여

하나님과 교제하며 기도하기를 소망합니다.

규태 군의 시력과 안전하고 건강한 군 생활을 위해

함께 기도합니다.

〈바보가족〉 3편

똑똑바보: 여보~ 더 캠프에 후추아빠가 탈퇴를 해서
기도글을 볼 수 없으니 어떡해요.
아들바보: 기도는 당신이 하는 거지.
후추아빠가 대신 해주나~
똑똑바보: 그렇긴 하지만~ 그래도 아쉬워요~
혼자서는 잘 안되어서.

똑똑바보는
후추아빠라는 이름을 네이버에서 검색하여
선교기도회를 발견하고 망설임 없이 가입을 했습니다.

똑똑바보: 아~ 다행이다~
이제는 기도하면서 열심히 *아멘* 해야지.

그러던 어느 날

*부방장님*이 채팅을 보냈습니다.

부방장님: 안녕하세요.
함께해 주셔서 감사합니다.
기도 참여를 좀 더
적극적으로 하시면 좋을 텐데.
똑똑바보: 아~ 네 알긴 아는데
내가 너무 바빠서 겨우 *아멘*만 합니다.

또다시
방장님이 통화를 원하여 하게 되었습니다.

방장님: 안녕하세요.
채팅 내용을 보니 부모님들께서 쉴 새 없이
병원을 다니시며 수술 등 진료를 하신다니
어려움이 많으실 텐데
혹시 경제적 어려움은 없으신가요?
약간의 선교 기금이 있는데 좀 도와드릴까요?

똑똑바보: 아니에요~ 괜찮습니다.
감사합니다.

그러고는
방장님의 권유로 본격적으로 기도를 하게 되었습니다.

똑똑바보: 하나님 나의 기도를 들어주세요.
이제 모든 짐을 주님께 맡기고
기도하겠습니다.

그러고는
몇 개월이 지나고 기도 지킴이까지 하게 되면서~
서서히 기적이 일어나기 시작했습니다.
그 기적은 4편에서 보세요. ^^ ☺

†

너희가
내게 부르짖으며 내게 와서 기도하면
내가 너희들의 기도를 들을 것이요
너희가 온 마음으로 나를 구하면
나를 찾을 것이오 나를 만나리라.
- 렘 29:13

★ 댓글

1. 민혁 엄마

아멘.

규태 어머니

혼자서 기도하는 것보다 선교기도회 가족분들과 함께하는

기도가 더 은혜이고 사랑이고 축복이지요.

우리와 자녀들이 온 맘 다해 주님을 찾고

간절히 구하는 기도자로

견고히 세워져

가정복음화를 속히 이루어 가기를 기도합니다.

2. 성준맘

아멘.

기도할 수 있는 장소가 있음을 감사합니다.

매일 기도로 시작하고 마무리할 수 있는 은혜가

최고의 삶입니다.

3. 건희맘

아멘.

선교회를 통하여 같은 마음으로

함께 기도할 수 있어서 감사합니다.

주님 안에서 선교회의 만남으로 가족이 되어서 감사합니다.

4. 두한맘

아멘.

규태 어머니 감사합니다.

더 캠프 개편으로 인하여 기도방이 없어지고

기도방을 찾아 삼만 리

드디어 후추아빠님을 찾아 여기에 올 수 있음도

하나님의 은혜입니다.

규태 아버님과 어머님의 영육의 강건함과 규태의 시력과

친정아버님과 어머님의 건강을 위해 기도합니다.

5. 규태맘

아멘.

두한 어머님의 말씀에 웃음이 *빵* 터졌습니다.

후추아빠 찾아 삼만 리

드디어 선교기도회에서 귀한 분들을 만남을

감사드리며 기도합니다.

6. 강현맘

아멘.

더 캠프에서 이곳까지 인도하신

하나님의 은혜에 감사드립니다.

규태 군 가정에 하나님의 은혜와 인도하심을 기도합니다.

〈바보가족〉 4편

똑똑바보: 아버지 산책하시게 휠체어에 앉으세요.

아버지: 나~이제 휠체어 필요 없다.

봐~ 이제 서서 걷잖아~

엄마나 앉으시라 해라.

내가 밀 테니.

똑똑바보: 엄마는 잘 걸으시는데 휠체어는 왜요?

아버지: 내가 엄마 편하게 밀면서 산책하려고~

여보~ 규태 할멈 어서 앉아보시오.

오랜만에 데이트 한번 해요~^^

아버지: 당신이 웃으니 기분이 참 좋아.

뛰어갈 것 같아요.

어머니: 난~ 꼭 당신 등에 업혀 가는 것 같네요. ^^

똑똑바보: 아빠 엄마 두 분이 그렇게 사이가 좋으시니
우리도 사이가 참 좋아요
당신은 아빠 엄마도 잘 모시죠.
나와 규태에게도 잘하죠.
정말 고마워요.

아들바보: 당신 왜 그래요~ 쑥스럽게.
난 당신도 사랑스럽고 당신 부모님 또한
내 부모님이니 당연히 잘 모셔야죠.
나 보고 방장님이 *아들바보*라 하는데
난 아들바보가 아니고 *가족바보*에요.
어찌보면 *아내바보*이기도 하고.

똑똑바보: 그러면 당신도 선교기도회에 가입해서
나 *아들바보* 아니고
가족바보 아니, *예수바보* 한다고
방장님께 데모해요~

아들바보: 내 이름 바꾸어라 *예수바보*로.
내 이름 바꾸어라 *예수바보*로.
방장님은 각성하라~ 이리하모 되나.

똑똑바보: 아~ 그만하세요.
우리 선교회에 *곰 부부 예수바보*도 있어요.
당신 가입해도 예수바보 따려면
기도 3년 해야 돼요.
아빠곰은 3년 동안 굴속에서
성경 필사 했어요.

예수바보는 그냥 되는 게 아니에요.
예수님만 바라보아야 하는데
당신은 규태 일이면 자다가도 벌떡 일어나니
빨리 가입부터 하세요.

아빠 보세요.
믿음이 좋으시고 나도 함께 기도하니
무릎 수술도 잘되시고 저렇게 금방 걷잖아요.
아~따 그러니 시방~ (승질 나니 사투리가~)
당신 생각 탁 고마 내려놓고
예수 영접하랑께~

†

영접하는 자
곧 그 이름을 믿는 자들에게는
하나님의 자녀가 되는 권세를 주셨으니
- 요 1:12

★ 댓글

1. 하늘아빠

하나님 아버지 감사합니다.
우리에게 부부가 되게 하심에 기뻐합니다.
기뻐합니다. 할렐루야.
나는 부활이요 생명이라. 아멘.

2. 민혁 엄마

아멘.
규태 외할머니와 외할아버지께서

장미꽃 구경하시며 데이트하는 모습이
너무 아름답습니다.

무릎 수술 이후 빠른 회복을 보이심도 은혜입니다.
할머니 할아버지 두 분의 섬김과 사랑이
자녀들에게 믿음의 본이 되시고
규태 아빠와 엄마께서
부모님을 지극정성으로 섬기는 모습도 은혜입니다.

규태 아빠 이제 가족 바보 아들 바보 그만하시고
기도회 함께하셔서 예수 바보가 되기를 기도합니다.

3. 준모맘

아멘.
가족사진이 따스하고 이쁘네요.
가족분들 모두 사랑과 섬김으로
서로를 챙기고 돌보는 모습이 아름답고 은혜입니다.
가족분 모두 예수님 믿고 섬기는
*예수바보*로 살아가기를 기도합니다.

〈바보가족〉 5편

똑똑바보의 휴대폰이 울립니다. ♬♬♬ ~~~

똑똑바보: 여보세요.

동생: 언니~ 주일날이 아빠 생신인데
어떻게 해야 하나요?

똑똑바보: 저녁식사 예약했으니
니네 예배 끝나고 식당으로 오면 돼.

동생: 우리는 무엇을 준비해야 하나~

똑똑바보: 특별히 준비할 거는 없고
제부가 목사님이니 아빠 엄마 기도나 부탁해.

동생: 언니 미안해~
사역 때문에 언니한테만 다 맡겨 놓고~

똑똑바보: 그런 말 하지 마~ 넌 더 큰일을 하잖아~
나는 너와 제부가 자랑스러워~

그날 오후 찬양 예배 때에 기적이 일어났습니다
앞이 잘 안 보이는 엄마가 스크린을 보며
찬양을 따라 부르고 있었습니다.

똑똑바보: 엄마~ 저기 스크린에 찬양 가사가 보이세요?
엄마: 응~ 갑자기 눈이 시원해지며 글이 보이네.
어두운 밤에 캄캄한 밤에 새벽을 찾아 떠난다 ♬

똑똑바보: 오~~. 하나님 감사합니다.

그리고 저녁이 되어 식당에 다 모였습니다.

똑똑바보: 제부~ 기도 좀 해주세요.
목사님: 주님 우리 어머님 눈 잘 보이게 해주세요.
예수님의 이름으로 기도합니다.
나는 부활이요 생명이라.
나는 전능하신 하나님이라.

어머님: 나 이제 눈 잘 보이네~
오후 예배 때 찬양도 읽으면서 드렸네~

모두 다 같이 아멘~ 감사합니다.

그때였어요.

똑똑바보: 엄마~ 선교기도회 부방장님이
　　　　선물을 보내왔어요.
엄마: 아이구, 어쩌거나 우찌 나한테 선물을 보내셨노~
　　어디 풀어봐라.
똑똑바보: (휴대폰으로 카톡을 열고)
　　　　예수님이 좋은 걸 어떡합니까 ♬♬

엄마: 선물 풀라카는데 왜 찬양을 틀고 있노.
똑똑바보: 찬양이 선물이에요.

엄마: 아이구~ 참 알궂데이~
　　난 사탕이나 보낸 줄 알았는데 찬양이라니~
　　알았다~ 한번 틀어 보거라이~

예수님이 좋은 걸 어떡합니까 ♬♬
날 위해 십자가를 지신 예수님 ♬♬
어머니는 얼쑤~ 좋다~ 하시며
일어나 춤을 덩실덩실 추시며 기뻐하셨습니다.

†

내가 천국 열쇠를 네게 주리니
네가 땅에서 무엇이든지
매면 하늘에서도 매일 것이요
네가 땅에서 무엇이든지 풀면
하늘에서도 풀리리라 하시고
- 마 16:19

★ 댓글

1. 규태맘

아멘.

방장님,

저희 엄마와 동생 가족을 위해서

은혜의 기도 올려주셔서 감사합니다.

엄마가 5년 전 뇌경색 수술 후

합병증으로 시야장애가 와서

의사 선생님도 치료할 수가 없다 하여

시각장애를 가족 모두 걱정했는데

엄마 시력이 좋아지시는 것을 보고
하나님께서 엄마의 질병을 치유해 주신
기적의 은혜가 너무 감사합니다.

주일마다 엄마에게 *예수님이 좋은걸 어떡합니까*
율동하셨는지 여쭈어 보면
팔을 왔다 갔다 하시면서
얼~쑤 하시며 춤을 추십니다.

주일예배 때 엄마는 두 손을 가지런히 모으고
찬양을 하시고
또 밝은 찬양을 하면 팔을 앞뒤로 흔드십니다.
그 모습을 보면 저절로
주님의 은혜가 제 마음에 들어옵니다.

기도회 가족분들 모두
예수님이 좋은걸 어떡합니까 흥겹게 찬양하시고
세상에 어떤 것과 바꿀 수 없는 예수님을
마니마니 사랑하시고
축복과 은혜받으시기를 기도합니다.

2. 기찬맘

아멘.

하나님의 은혜입니다.

감사합니다.

알록달록 고운 옷 입고 춤을 추시는

어머님의 행복을 주는 미소가 아름다우시네요.

온 가족이 예배드리며 찬양하고 기도하는

아름다운 가족임을 감사드립니다.

자자손손 믿음의 명문 가문을 이어가도록 기도합니다.

3. 준모맘

아멘.

규태 어머니의 가정에 역사하시는

주님의 은혜에 감사드립니다.

치유와 회복의 은혜에

감사와 찬양을 올려드리는 믿음의 가정에

주님의 은혜와 축복이 가득하기를 기도합니다.

〈바보가족〉 6편

친정 아버님께서
의로운 삶을 사셨으니
욥처럼 사탄이 시샘하여 시험하지 않았나 생각됩니다.

그러나
하나님께서 함께하셨기에
아버님과 어머님의 건강으로 시험을 했지만
믿음으로 승리하신 아버님과 어머님의 건강은
더 나빠지지 않고 영적 회복과 함께
육신적 회복 중에 있음을 믿습니다.

아직 육신이 완전하지는 못하지만
영적으로 건강하시니
은혜 중에 은혜의 삶과 회복의 삶 속에 있음을
믿습니다.

또한 규태엄마와 아빠는
부모님을 공경하고 섬기는 효를 다하므로
규태에게도 좋은 신앙으로 자리 잡아가면서
집안의 모든 시련이 끝이 나고

주께서 함께하시니
규태의 시력이 회복되고 엄마의 건강도 회복되어
영육이 강건해지는 은혜만 남은 줄 믿습니다.

이제 규태 엄마의 온전한 믿음과 기도 생활로
사단은 완전히 소멸되고
보혜사 성령님께서 이끄시니
규태와 아빠도 믿음의 뿌리가 생기고
새싹이 돋아 가정의 아름다운 열매가 맺히는
축복이 가득하기를 기도합니다.

★ 댓글

1. 준영아빠 / 목사님 축복기도

아멘.

규태 어머님과 아버님을 통한
가정의 귀한 아름다운 하나님의 스토리를
들을 수 있음을 감사드립니다.

더 큰 하나님의 역사가 우리 부모님들에게
그리고 규태 군에게
규태 어머님 아버님 가운데
매일 이루어지기를 주님의 이름으로 기도드립니다.

2. 지영아빠

아멘.
규태네 가족이 주님을 향한 온전한 믿음으로
하나 되어 믿음의 가정으로
굳게 세워지기를 기도합니다.

3. 성준맘

아멘.
가족들의 신앙이 더 성장할 수 있는 기회를

주신듯합니다.

어르신들의 건강이 다시 회복되어

가족들의 웃음꽃이 활짝 피어나기를 기도합니다.

4. 기현맘

아멘.

감사합니다.

그동안 규태네 감동 스토리

한 편의 드라마를 본듯합니다.

친정아버님 어머님 건강을 주시고

규태네 부부가 부모님을 섬기는 모습은

나에게 좋은 본보기가 됩니다.

규태네 가족을 사랑으로 이끄신 주님께 감사드리며

축복의 가정으로 거듭나는 은혜 베푸시기를 기도합니다.

5. 규태맘

아멘.

바보가족을 위해 6편의 축복 드라마 기도문을

감사드립니다.

함께 기도해 주신 모든 분께 감사드리며 기도합니다.

〈학폭〉 1편

♣

〈가족사진〉 노래의 가사 중 *아빠를 닮아 있네.*
이 부분은 나의 가슴을 울리며 이렇게 기도했습니다.

아들아, 아빠를 닮으면 인생이 힘들단다.
너희는 하나님 품에서 행복하게 살아야 한다.
이 길은 아빠 혼자면 족하단다.

♣

아이들 이름은 *가명*을 사용했습니다.

우리 집 둘째이자 장남,
현재 27살 *정직*이의 얘기입니다.
어릴 적부터 교과서적인 성품이라
답답한 면도 있었지만 실수는 하지 않았습니다.

초등학교 5학년 때 친구의 집에 놀러 갔는데
친구 엄마가 자기 아들에게
*너는 *정직*이 하고만 친구 해라.*라는 말을
할 정도로 착한 모범생이었습니다.

학교에서
이런 아이를 시샘하는 *일진*으로서 짱을 먹는
*장군*이가 같은 아파트에 살았습니다.

우리 지역에 초등학교가 두 개 있었는데
장군이는 두 개의 학교의 일진 친구들과 어울려
아이들을 괴롭히는 것을 일삼았습니다.

♣

초5 어느 날 오후에

정직이가 엉엉 울면서 아빠를 부르며
흥분한 상태로 집으로 왔습니다.

울음을 그치지 못하는 아이의 얼굴과 목에는
상처가 있었습니다.

아빠: 너 왜 그러니~
정직: (울면서) 장군이가~ 엉~ 엉~
시비를 걸고는 때렸어~

아빠: 그래 알았다~ 물 마시고 진정해~
정직: 아빠~ 장군이 혼내주세요~

아빠: 그래, 알았으니 진정부터 해~
정직: 알았어요~

그리고 진정된 후에 자초지종을 들었습니다.

♣

일반적으로
자녀가 억울한 일을 당하고 울면서 들어오면

부모는 함께 흥분하여 사단의 흐름을 타게 됩니다.

자녀의 잘못이 있을 수도 있으므로
자녀를 진정시키고 차분하게 얘기를 듣고
사후처리를 해야 합니다.

부모는 언제나 기도로 깨어 있어야만이
자녀를 좋은 길로 인도할 수 있습니다.

†

주님
항상 깨어 있는 부모로서 현상을 쫓아가지 말고
상황을 주님께 아뢰고
기도와 사랑으로 양육하는 부모가 되기를
기도합니다.

★ 댓글

1. 성준맘

아멘.

아이들의 문제가 심할수록

사탄의 놀이터가 될 수밖에 없음을 느낍니다.

주님의 마음으로 살아가기를 기도합니다.

2. 규태맘

아멘.

자녀들이 억울한 일을 당했을 때

감정이 앞서지 않고 기도와 사랑으로

양육하는 부모가 되기를 기도합니다.

3. 강현맘

아멘.

자녀의 일에 감정을 앞세우기보다 기도하는 부모가 되기를 기도합니다.

〈학폭〉 2편

당시에

우리 집은 중학생 누나에게만 휴대폰을 해주었고

초등학생인 동생들은

휴대폰이 없었기에 집 전화를 사용했습니다.

아빠는 장군이 집으로 전화를 했습니다.

아빠: 안녕하세요~ 정직이 아빠입니다.

장군이를 데리고 저희 집으로 좀 오세요.

장군맘: 네~ 알겠습니다.

장군이에게 얘기를 들은 엄마와 장군이는

곧장 저희 집으로 왔습니다.

그리고

장군이와 엄마는 겁먹은 표정으로 저희 거실에 무릎을 꿇고 앉았습니다.

아빠: 편하게 앉으세요.
(그리고 장군이에게) 장군아~
이유가 어찌 되었든 친구를 때린 것이
잘한 일은 아니지.
장군: 잘못했습니다.
제가 나빴습니다.

아빠: 정직아~ 장군이와 악수하고 화해하여라.
장군: 정직아~ 미안해. 이제 안 그럴게~
정직: (손을 내밀며 악수를 나누었습니다)

아빠: 장군아~ 이리 와봐.
장군: (겁먹은 얼굴로 다가와서) 네.

아빠: (장군이를 무릎 위에 앉히고는 토닥이며)
장군아~ 우리 정직이와 잘 지내도록 해.
너는 착한 아이잖아.
장군: (조금은 편안한 얼굴로) 네, 알겠습니다.

아빠: 여보~ 다과상 좀 부탁해요.

그러고는 다과를 나누며
정직이와 장군이는 금세 밝아졌습니다.

장군맘: 아버님~ 정직이 얼굴과 목에 상처는 어떡해요.
아빠: 괜찮아요~ 며칠 연고 바르면 될 거예요.

그러고는
서로 좋은 시간을 가지고 돌아갔습니다.

†

자녀를 키우다 보면
친구로 인해 피해를 볼 때도 있습니다.
이때 함께 맞대응하고 싸운다면 사탄의 역사는
꼬리를 물게 됩니다.

지혜로운 부모는
자녀에게 일어나는 불미스러운 일들을
기도로 협력하여 선을 이룰 수 있기를 기도합니다.

★ 댓글

1. 준모맘

아멘.

자녀의 일에 감정보다 기도로 인도받는

지혜로운 부모가 되기를 기도합니다.

2. 준영아빠

아멘.

정말 이러한 지혜가 필요한 시대입니다.

모든 사람을 대할 때 감정이 앞서는 것이 아니라

주님이 주신 지혜와 마음과 사랑으로

피스메이커의 역할을 감당하는 삶을

먼저 저 자신이 살게

우리 자녀들도 그렇게 살아가게 하옵소서.

〈학폭〉 3편

다음날 토요일이어서
두 아들을 데리고 낚시를 가려고 준비하면서
정직이에게 장군이도 같이 가자고 전화를 시켰습니다.

전화를 받은 장군이가 너무 좋아했습니다.
그리고 장군이 엄마가
맛있는 도시락과 과일을 싸서 보냈습니다.

정직: 장군아~ 낚시는 해봤어?
장군: 아니~ 우리 아빠는 주말만 되면 골프하러 가서
낚시는커녕 아빠랑 같이 한 게 별로 없어.

정직: 우리 아빠는 주말 되면 늘 같이 놀아줘.
그리고 한 달에 한 번은
가족 모두 바다낚시를 가.

장군: 참~ 좋겠다.

그리고
나와 아이 셋은 가까운 유료 낚시터에 도착하여
아이들 모두 낚시를 할 수 있도록
장비를 세팅해 주었습니다.

장군: 어~어~ 정직아, 고기 물은 것 같아.
(장군이의 낚싯대가 휘어지며
장군이는 힘을 썼습니다)
정직: 야~ 조심해~

장군: 정직아~ 이거 좀 도와줘.
정직: 그래~ 알았어(그러고는 잉어를 한 마리 건졌습니다).

장군: 야~ 잡았다~
정직아~ 이거 너무 재밌다.
그리고 하루해가 지도록 즐겁게 놀았습니다.

♣

〈장군이의 변화〉

학교에서 정직이를 괴롭히던 장군이는
그 사건 이후
아무도 정직이를 괴롭히지 못하게
보디가드이자 친한 친구가 되었습니다.

〈묵상 포인트〉

자녀에 대한 부모의 기도와 사랑과 산교육
적군을 아군으로
어둠에서 빛으로 복음과 전도의 삶

†

자녀는 대부분 20살이 되면서
성인으로서 자기 책임을 지는 나이가 됩니다.

그러다 보면

어려운 일 또는 실수 등 많은 착오를 겪게 되지요.

아빠는 아이가 어릴 때는 좋은 친구

성장해서는

좋은 인도자가 되어야 합니다.

아빠와 아들이 좋은 동반자가 되기를 기도합니다.

★ 댓글

1. 지영맘

아멘.

친구의 마음이 변화되고 깊은 우정으로 바뀌는 역사를 보게 하시니 감사합니다.

우리의 자녀들이 자라면서 때로는 실수하고

어려움에 부딪히더라도

아빠는 좋은 친구가 되고 성인이 되어서는

지혜로운 인도자가 되기를 소망합니다.

어둠 속에 있는 이들을 빛으로 인도하는

복음의 증인으로 살기를 기도합니다.

2. 기현맘

아멘.

방장님 기도문 감사합니다.

장군이를 보면서 기현이에게 미안한 마음이 들었습니다.

아빠는 삶이 바빠 일에만 매달리다 보니

기현이와 놀아주지를 못하고

가족여행도 손꼽을 정도였습니다.

예수님이 친구이시며 부모이십니다.

자녀의 삶에 빛으로 인도해 주시길 기도합니다.

3. 상명맘

아멘.

정직이와 장군이를 사랑으로 감싸주신

방장님의 지혜와 사랑을 감사하며

지혜로운 부모가 되기를 기도합니다.

〈배신과 버림〉 1편

아내가 집을 나가고 혼자 세 자녀를 지키며
두세 달을 보내던 중
2018년 12월 28일 금요일, 퇴근하여 집에 오니
집이 텅 비었습니다.

방 세 곳을 돌아보니
아이들의 컴퓨터와 옷가지 등
키우던 강아지까지 모두 가지고 떠나버렸습니다.

텅 빈 거실에 앉아
펑펑 울면서 마음을 주체하지 못한 채
쓰러져 밤을 보냈습니다.

다음날 겨우 정신을 가다듬고
집을 모두 청소하고 정리한 후

멍하니 앉았으나 넋이 나간 사람이 되었습니다.

누군가에게 말하고 위로받을 곳이 없었고
혼자서 속을 삭이며
운전할 정신도 없어서
3개월 동안 대행시켜 출퇴근하였지만
근무하면서도 아무도 몰래 수시로 눈물을 훔치며
그렇게 3개월을 보냈습니다.

주일날 오후 찬양 예배 때 대중 앞에
1년을 울면서 인도하였고
그때 자작곡 한 찬양이 *기도만 하는 사랑*입니다.

2017년 9월,
심정지로 죽음에서 기적으로
2시간 만에 돌아온 아픔이 채 가시기 전
1년 만에 또 한 번의 죽음과도 같은 삶이었습니다.

크루즈 여행 사업으로
롯데그룹에서 최고의 매출을 올리던 사업도 무너지고
심정지에 가정파탄까지
말 그대로 욥의 고난이었습니다.

사업이 번창할 때 여러 가지 이유로
교회를 6년이나 소홀히 했습니다.
결국 그때 깨달은 것이 나의 바벨탑이었습니다

욥과 같이 목숨은 지켜주셨지만
나의 모든 것을 앗아가고
남은 것은 빚투성이로 인한 핍박, 멸시, 천대에 의한
공포와 두려움뿐이었습니다

세상 모두가 나를 버렸지만
그중에서도 내 곁을 지켜주신 분은
그리스도 예수님뿐이었습니다.

지금
이 얘기를 쓰는 이유는
나의 아픔을 얘기하는 것이 아니라
믿음보다 사업을 중요시하는
많은 아빠들에게 보내는 메시지이며 기도입니다.

★오직 예수★

〈나의 바벨탑〉

2016년 생애 최고의 사업매출 기록 달성

2017년 심정지로 숨이 멈춘 후 2시간 만의 기적

2018년 가족 모두 떠남

2019년 코로나로 여행사업 무너짐과 믿음의 회복~

그리고 7년의 고난

★ 댓글

1. 준영아빠

아멘.

고난을 무슨 말로 설명할 수 있겠습니까.

그러나 방장님의 영혼을 구원하시기 위해서 행하셨던

하나님의 은혜가 지극히 크심을 감사합니다.

사람의 말보다는 언제나 주님의 말씀을 따라 행하며

약속을 붙들고 살아갈 수 있기를 기도드립니다.

2. 성준맘

아멘.
우리의 삶 속에 바벨탑을 쌓아
잃어버린 것들이 있었기에
지금 다시 엎드려 기도드릴 수 있는 것 같습니다.

내 생각으로 다될 듯 교만했던 저를 용서하소서.
주님께 회개하며
주님 앞으로 나아갈 수 있는 용기 또한
주님의 은혜입니다.

3. 민혁맘

아멘.
방장님께서 욥과 같은 고난과 시련 속에서도
예수님 손을 꼭 붙잡고
여기까지 걸어오심이 은혜입니다.

방장님의 귀한 간증이 세상 속에 갇혀 있는
많은 아빠들에게

복음의 선한 도구로 귀히 쓰임 받기를 기도합니다.

4. 상명맘

아멘.

방장님의 귀한 간증으로

아빠들에게 전하는 메시지가

귀하게 사용되기를 기도합니다.

방장님의 삶을 주님께서 아시니 현재의 삶을 이끄시고

고난과 연단으로 더 귀하게 쓰임 받을 줄 믿습니다.

방장님이 주님과 함께하는 삶을 응원하며

늘 승리하시길 기도합니다.

〈배신과 버림〉 2편

현실은 아니겠지~
아직도 꿈을 꾸겠지~
그렇게 나는 현실을 부정하며
시간이 흘러갔습니다.

아이들이
사는 곳은 자동차로 약 5분 거리에 있었습니다.

토요일 저녁이면
막내아들 후추가 용돈을 받으러 집으로 왔지만
머무는 시간은 약 10분.
그리고 차를 태워서
아이들 사는 집으로 데려다주고 오는 길에
항상 드는 마음은
내가 왜 내 아들을 다른 집에 데려다주고 가지?

하면서 눈물을 흘리며 돌아왔습니다.

심지어
후추가 군에서 휴가를 올 때마다 양구까지 달려가
아들의 집 앞에 내려주고는 또 혼자 돌아올 때는
꼭 택배 사원 같았습니다.

그리고
자녀들 집이 몇 번 이사를 할 때마다 집을 알아두고
가끔은 집 근처 차를 세우고 *혹시 애들이 나오나.*
한두 시간씩 지켜보기도 했지만 볼 수 없었습니다.

당장이라도
문을 열고 들어가 보고 싶지만
혹여나 아이들이
더 불편해하여 마음이 멀어질까 두려워 참았습니다.

그렇게
7년을 기도만 했고 하나님의 뜻과 때를 기다리며
그리스도의 사랑으로 아이들을 위해
지금도 기도합니다.

★ 댓글

1. 준하맘

아멘.

방장님의 외로운 마음을

주님께서 채워주시고 위로해 주실 줄 믿습니다.

자녀들이 아빠의 사랑을 깨닫길 기도합니다.

2. 지영맘

아멘.

멀리서 지켜보는 마음을 주님께서 다 아실 줄 믿습니다.

지나간 모든 시간이 헛되지 않고

그 사랑이 아이들에게 깊이 스며들었으며

포기하지 않으시고 기도하신 그 기다림으로

아이들 마음의 문이 열리기를 기도합니다.

3. 두한맘

아멘.

자녀들이 보고 싶어도 보지 못하고

발길을 돌릴 수밖에 없었던 방장님은

얼마나 아파하셨을까 마음이 아픕니다.

자녀들도 분명히 아빠를 잊지 않고 있을 것입니다.

현진 군이 아빠의 보디가드로

든든한 힘이 되리라 믿고 기도합니다.

〈배신과 버림〉 3편

어느 날
오후 2시쯤 대구에서 안동으로 가는
고속도로 운전 중에
휴대폰이 울려서 받았더니 딸이었습니다.

딸: 아빠~ 나 계명대 작곡과에 합격했어요.
아빠: 응~ 그래. 너무 잘됐다. 수고했다.
　　　우리 딸, 너무 자랑스럽다.

그러고는 운전하는 내내 눈물을 멈출 수가 없었습니다.
딸아이 고2부터 뒷바라지가 너무 힘겨웠거든요.

그런 딸아이가
대학 2년 때 독일의 어느 작곡가와 함께
*천 개의 색*이라는 곡을 작곡하여

대구시민회관에서 발표회를 한다는 소식을 들었습니다.

그러나 가고 싶어도 갈 수가 없었습니다.
연주 중에 혹시라도 나를 보고 방해가 될까 봐
또 엄마가 있기에
그냥 집에서 기도만 했습니다.

딸아이 아기 때는
항상 내 배 위에서 엎드리게 해 재웠고
대학에 갈 때까지 가장 사랑했던 아이였습니다.
딸아이와 함께 공연할 때는
너무 행복했고 같은 음악을 했기에 더욱 좋았습니다.

내가 혼자 지내면서 *기도만 하는 사랑* 외
여러 곡을 자작곡하여 모아 두었습니다.
딸아이의 손으로 미디 작업을 하여
음원을 만들고 싶어서
지금도 계속 곡을 만들고 있습니다.

3년 전까지만 해도 딸아이를 생각할 수가 없었습니다.
얼굴만 떠올려도 눈물이 한없이 흐르고
흐느낌까지 났기 때문에

너무 힘들었습니다.

얼마 전 엄마의 카톡에 올라온
딸아이의 성숙한 사진은 너무 편안해 보여 좋았습니다.

22살 때 헤어진 딸아이가 벌써 29살이 되었네요.
너무 보고 싶고 안아주고 싶습니다.
주님 도와주세요.
더 이상 글을 쓸 수가 없습니다.

아빠~ 하고 부르는 딸아이의 목소리가
너무 듣고 싶습니다.

★ 댓글

1. 준하맘

아멘.
방장님의 사연은 다 알지 못하지만
자녀에 대한 부모의 마음은 깊이 공감합니다.
자녀들과의 관계가

주님 안에서 회복되기를 기도드립니다.

2. 기현맘

아멘.

방장님 귀한 간증 감사합니다.

얼마나 딸이 보고 싶고 그리웠을지 짐작해 봅니다.

딸과의 관계가 속히 회복되어

다시 주님 안에서 화평을 이루며

음악공연을 함께하는 소망이

이루어지기를 간절히 기도합니다.

3. 강현맘

아멘.

방장님의 모든 아픔과 고통을 아시는 주님께서

위로해 주시고

따님과 함께 음악 작업을 하는 날이

속히 오기를 기도합니다.

★★ 결론편

모든 것을 잃어버린 7년,
말할 수 없는 아픔의 시간 속에서 나온 결론은
*하나님께서 하셨습니다. 감사합니다*였습니다.

믿음의 반석에 서게 되었고 주님은 언제나 동행하시며
모든 것은 긍정과 감사 그리고 평안입니다.

정결한 마음과 정직한 영을 주셨고
영혼을 사랑하게 하시며
성령의 은혜만이 가득합니다.

아마
고난이 없었다면 예수님을 깊이 알지 못했을 것이고
믿는다 해도 세상 것을 더 가지려 했을 것이며
예수님보다 *나*였을 것입니다.

♣

세상에 예수보다 더 귀한 것 없습니다.
이것을 진정으로 안다면 삶 자체가 복음이 되기에

삶의 이유와 목표가 달라집니다.

선교기도회의 모든 가족이
예수보다 더 귀한 것은 없네 고백의 찬양이
흘러나오기를 기도합니다.

♣

지난 6일간
자녀들의 얘기로 기도를 한 것은
단순히 나의 기도를 한 것이 아니라

지금 기도 중인 드라마 공모작
*바보인생*을 준비하면서 기도로 집필하였고
또 시놉시스 기도 중에 있습니다.

여러분의 댓글을 통해서
시청자들의 반응을 미리 체크해 보는 준비기도이며
또한 여러분들의 기도 리듬과 댓글을 통하여
영적 상태를 진단 또는 치유 기도를 함께 기도합니다.

당분간은

일반 취침기도를 진행하면서 대본이 준비되는 대로

가끔씩 드라마 기도를 진행하겠습니다.

6일간 마음을 담은 여러분들의 기도에 감사드립니다.

〈뿡뿡이〉 1편

오늘은
나의 벤츠 마티즈의 이름을 *뿡뿡이*라 지었습니다.

마후라(연통)에 동전만 한 구멍이 생겨서 언덕길을
올라가면 방귀를 뿡뿡 뀝니다. ^^

주인: 뿡뿡아, 우리가 만난 지 벌써 6개월이 지났네.
그동안 너와 내가 10,000킬로미터를 함께했으니
정이 많이 들었다. 그치~
그래서 너의 이름을 *뿡뿡이*이라 지었어.

뿡뿡이: 좋아요~ 제가 방귀 좀 뿡뿡 뀌죠~^^
그래도 향기는 좋아요.

주인: 그래도 너는 나와 예수님을 태우고

어디든지 항상 함께 가잖아~ 고마워~

뿡뿡이: 제가 좀 덜렁거리기는 해도
주인님이 안전하게 운전해서 나도 편해요.

이렇게
뿡뿡이와 나는 벌써 6개월을 속삭이며
어디든지 함께 다니고 있습니다.

♣

나는
뿡뿡이와 어디를 가든지 음악을 들으면서 갑니다.
자주 듣는 장르는 *뉴 에이지*입니다.

운전석에 앉는 순간
주님과 함께 음악 속 세계로
나와 뿡뿡이는 신나게 여행을 합니다.

주님께서는
끊임없이 나에게 기도를 주셔서 기쁨이 넘칩니다.
이처럼 뿡뿡이는 나의 최고의 기도공간이며

안식의 장소가 되었습니다.

†

하나님께서 주신 모든 것은
생명이요 은혜이며
이것을 누릴 수 있음 또한 은혜입니다.
모든 삶에서 은혜 누리길 기도합니다.

★ 댓글

1. 기찬맘

아멘.
방장님의 발이 되어준 사랑스러운 애마네요. ^^
10,000킬로미터를 달리고 달려서
예수님의 사랑을 전하고 나누는 방장님의 사역에
하나님의 풍성한 은혜가 함께하기를 기도합니다.

2. 두한맘

아멘.

다시 보니 반갑다.

이름도 생겼네. 뿡뿡이~^^

마후라 소리가 요란해도 안전하게 방장님을 모시고

버스킹도 다니고 즐거운 기도 여행도 다닐 수 있도록

성령님 늘 지켜주시고 보호해 주시길 기도합니다.

3. 은혁맘

아멘.

뿡뿡이와 함께 신바람 나게

예수님의 향기를 날리기를 기도합니다.

〈뿡뿡이〉 2편

주인: 뿡뿡아~ 안녕~ 오늘도 잘 부탁해~ 뿡뿡.
뿡뿡이: 주인님~ 오늘은 어디로 가나요?

주인: 고속도로를 타고 쩌~어기 한번 가보자.
뿡뿡이: 옛~썰! 야~ 오랜만에 함 달려볼까?
예수님 잘 부탁해요. ^^

뿡뿡이는 주행선으로 안전운행을 하며 가는데
앞서가는 화물차가 거북이 운행을 하고 갑니다.

뿡뿡이: 아~~ 답답해~ 나보다 못 가냐~
주인님 어떡해요~ 추월선으로 갈까요?
주인: 아직은 때가 아니야.
지금 너의 속도는 60킬로미터이고
추월선에 오는 차의 속도는 100킬로미터인데

지금 들어가면 큰일 나~

뿡뿡이: 그럼 어떡해요?

화물차는 계속 늦게 가고

추월선에는 계속 차가 오는데요.

주인: 기다려 봐. 하나님의 때가 있어.

한참을 백미러를 보던 주인은

추월선에 차가 없는 것을 보고는

뿡뿡이에게

주인: 이때다~ 주의 긍휼받을 때가 이때라~

빨리 추월선으로 들어가자~

뿡뿡이: 네 알겠습니다. ☞ 주님.

주인님 말씀에 의지하여 고고씽~ 앗싸.

우리 주님 최고. ☞ 주인님도 최고.

♣

예전에 좋은 차를 탈 때는 앞차가 늦을 시에

차의 성능과 운전 실력을 믿고

틈만 있으면 추월선으로 바꾸었지만

하지만
지금은 주의 말씀 의지하여 운전을 합니다.
뻥뻥이의 성능이 나를 겸손하게 이끌어 주었죠. ^^
뻥뻥아 고맙데이~

†

나의 삶의 조건이 좋을 때는
환경의 조건과 나의 생각 그리고 능력을 의지했지만
이제는 낮은 곳에서 주님을 의지합니다.
낮은 자의 하나님을 알게 하심을 감사드리며
기도합니다.

★ 댓글

1. 기현맘

아멘.

방장님 기도문 감사합니다.

방장님과 뻥뻥이와의 대화에 웃음이 나네요.

낮은 자의 모습으로 오신 주님을 묵상하며

겸손한 삶으로 살아가기를 기도합니다.

2. 준모맘

아멘.

낮은 자리에서 겸손함으로 나아가게 하시고

말씀에 의지하여 살아가는 우리와 자녀들이 되기를

기도합니다.

〈뿡뿡이〉 3편

뿡뿡~ ☺☺ 안녕하세요~ 뿡뿡이예요.

뿡~뿡~ 방귀 소리가 좀 크죠. ^^

그게 나의 매력이에요.

고속도로에서 우~~웅 하고 조용할 때도 있어요.

뿡뿡이: 주인님~ 나 만나기 전에는 어떤 차 탔어요?

주인: 폼 나는 차 많이 탔지.

뿡뿡이: 와~ 고급 차 많이 탔었네요.
고급 차 탈 때는 마음이 어땠나요?

주인: 그것 참 이상했어.
처음에는 내 차가 최고 같아서 우쭐대었지~
그런데 시간이 지나면서 다른 멋진 차만 보였어.

야~ 저 차 멋있는데 부럽다.

☞ 저 차로 또 한 번 사볼까?

뻥뻥이: 그러면 나는 어때요?
시끄럽고 덜컹대고
늙어서 힘도 없으며 멋진 오디오도 없고.
주인: 그치~ 넌 참 볼품도 없고 방귀나 뻥뻥 뀌고
빌빌대며 그런데 내가 왜 널 좋아하지~

하지만
여태껏 내 차 중에 뻥뻥이가 제일 좋아.
너를 타고 달리면
다른 차는 눈에 들지 않아.

뻥뻥이: 왜~ 그러죠.
주인: 다른 차는 내가 좋아서 샀지만
뻥뻥이는 하나님이 보내준 천국 자동차니까
예수님께서 함께 계셔서 그럴 거야.

뻥뻥이: 맞아요~ 나는 볼품이 없지만
예수님이 계시잖아요
그러니까 멋지죠.
주인님도 참 멋져요.

그러고 보니 우리 셋은 *예수 삼 형제*네요. ^^

뽕뽕 가자~ 예수 삼 형제 나가신다.

사탄아~ 물러가라~ 뽕뽕~

†

하나님 감사합니다.

모세는 지팡이

다윗은 물매돌

후추아빠는 뽕뽕이

후추아빠가 가장 좋은 것으로 받았으니

뽕뽕아 복음 전하러 가자~~ 뽕~ 뽕~

★ 댓글

1. 하늘아빠

하나님 우리 아버지 감사합니다.

모든 것에 고맙습니다. 사랑합니다.

기뻐합니다. 찬양합니다.

할렐루야~ 나는 부활이요 생명이라. 아멘.

2. 준하맘

아멘.

가진 것에 감사할 줄 아는

겸손한 마음 갖기를 기도합니다.

3. 규태맘

아멘.

꼬마 자동차 붕붕 노래가

방장님과 뿡뿡이를 위한 노래네요. ^^

♬

붕~붕~붕 아주 작은 자동차

꼬마 자동차가 나왔다

붕~붕~붕 꽃향기를 맡으면

힘이 솟는 꼬마 자동차

엄마찾아 모험찾아 낯설은 세계여행

우리도 함께 가지요

꼬마차가 나가신다 길을 비켜라

꼬마차가 나가신다 길을 비켜라

랄랄랄라 랄랄랄라

귀여운 꼬마차는 친구와 함께

어렵고 험한 길 헤쳐나간다

희망과 사랑을 심어주면서

아~하 신나게 달린다

귀여운 꼬마 자동차 붕붕 ♬♬

4. 은혁맘

붕! 붕! 붕!

아주 작은 자동차 꼬마 자동차가 나간다.

붕! 붕! 붕!

꽃향기를 맡으면 힘이 솟는 꼬마 자동차가 아닌

성령님이 함께하는 뿡뿡이.

어디를 가든 힘차게 전도하러 가는

멋진 방장님의 발이 되기를

또한 안전운행을 위해 기도합니다.

〈뿡뿡이〉 4편

뿡뿡이: 뿡뿡~ 오늘 소화가 안 되네.

(주인님 눈치를 힐끗 보며) 방귀가 더 심하니.

주인: 괜찮아, 눈치 보지 마~

뿡뿡이: 주인님 시끄럽지 않으세요?

주인: 아니야~ 전혀 시끄럽지 않고 오히려 정겨워.

너의 엔진 소리를 들을 수 있잖아~

뿡뿡이: 엔진 소리가 시끄럽잖아요.

주인: 아이가 떠들고 놀면 건강하다고 볼 수 있지만

말없이 조용히 가만있으면

어디가 아픈지도 모르잖아.

따라서 너의 소리가 안 들리면

어디가 아픈지 알 수가 없어.

너의 소리가 일정한 게 좋아~

나~ 건강해요 말해주잖아.

뿡뿡이: 그러면 내 방귀 소리 안 고칠 거예요.

주인: 내년에 정기검사때 고치면 돼. 아직 1년 남았어.

뿡뿡이: 그러면 나하고 언제까지 함께 할 거예요?

주인: 끝까지 함께 해야지.

너는 나를 편하게 해.

연료, 도로비, 주차비, 세금, 보험 등

모두 50% 절감해 주니 얼마나 좋아~

그러니 너는 나에게 고마운 뿡뿡이야

고마워~ 뿡뿡아 ☞ 예수님도 고마워요. ☺

†

나는

뿡뿡이를 통하여 많은 것을 깨달았습니다.

하나님께서 주신 것은 모두가 보물입니다.

보세요~

하나님께서 나에게 주신 것이 얼마나 많은지
너무 풍성해서 은혜와 감사가 차고 넘치며
부족함이 없습니다.
부족하다 투정하지 말고
풍성함에 감사하는 영적 눈을 뜨기를 기도합니다.

★ 댓글

1. 민혁맘

아멘.
뿡뿡이가 내년 정기검사 때까지
건강하게 지내길 기도합니다.
뿡뿡아~ 고마워. ☺

방장님의 어려운 상황을 잘 알아주는 고마운 뿡뿡이가
방장님과 끝까지 함께 동행하며
주의 복음 전하기를 기도합니다.

2. 기찬맘

아멘.

작은 것에 감사하는 삶의 기도문이 은혜입니다.

나에게 허락하시고 주신 것에

감사가 넘치는 삶이 되기를

예수님 이름으로 기도합니다.

3. 성준맘

아멘.

주님의 은혜로 받은 모든 것에 감사합니다.

뿡뿡이로 인해 많은 묵상을 하게 됩니다.

모든 것이 은혜이고 사랑입니다.

4. 건희맘

아멘.

나의 욕심으로 높은 곳을 바라보지 않고

낮은 자리에서 주님의 은혜를 찾을 수 있는

믿음 주시기를 간절히 원하고 기도합니다.

저의 모습으로 오늘도 눈물로 주님 앞에 엎드려
감사함을 고백합니다.
주님 감사합니다. 고맙습니다. 사랑합니다.

〈뻥뻥이의 여행일기〉 1편

뻥뻥이: 야~ 신난다~ 주인님 오늘은 어디로 가나요?

주인: 목적지는 없어. 그냥 가보는 거야.

매주 월요일은 뻥뻥이와 기도 여행을 합니다.
목적지는 정하지 않고 새로운 길을 따라가면서
마음에 드는 곳에 정차를 합니다.

오늘은
전역자(정민혁, 정재훈, 장재혁, 오기찬) 편지 4통을
가지고 가는 길에 우체국이 보이면 부치게 됩니다.

혼자 가는 것 같지만
뻥뻥이와 기도회의 많은 아들과 대화하며 갑니다.
어느 순간 재훈이가 속삭이고 또 재혁이가 속삭이는데
갑자기 기현이가 파리채를 들고 옵니다. ^^

그러다가

두한이가 버스를 몰고 오더니

두한: 후추아빠 타세요. ^^

후추아빠: 응, 그래. 두한이가 운전하는 차를 타볼까~

이렇게 여행을 하는데 오늘은 아들들이 찾아오네요.

참 행복합니다.

어느덧

큰 호숫가에 차를 세우고 한 장의 사진을 찍었습니다.

찰칵~ 잔잔한 호수가 어찌 내 마음과 같을까.

그때 구름이 말을 합니다.

구름: 후추아빠님,

그 평화 속에 나도 함께할게요. 괜찮죠? ^^

산도 함께 하잖아요

산: 어쩜 우리는 이렇게 고요한 평화가 함께할까?

후추아빠: 하나님께서 그렇게 만드셨어.

구름아, 산아, 그리고 호수야~

우리도 선교기도회에도

가정에도 아들들에게도

평화가 함께 하기를 기도하자꾸나. ^^

그때 갑자기 기현이가 또 파리채를 들고나오면서

기현: 아빠님~ 파리는 없어요. ^^

★ 댓글

1. 기현맘

아멘.

기현이의 피로가 쉽게 풀리지를 않네요.

감기와 몸살이 함께 온 것 같은데

약 먹고 몸살은 나아졌지만

편두통이 쉽게 사라지지 않네요.

후추아빠 답글

이놈! 편두통아, 기현이 파리채 들었다.

한 대 맞고 울지 말고 얼른 도망가거라.

2. 준모맘

아멘.

언제 어디서나 주님과 동행함으로

늘 감사와 은혜가 넘치는

선교기도회 가족분들과 자녀들 되기를 기도합니다.

3. 은혁맘

아멘.

주님과 함께하는 자연 속에서 평안함으로 기도하시는.

방장님의 기도가 아름답습니다.

주님의 나라와 뜻이 우리와 자녀들의 삶 속에

이루어지기를 소망하며 기도합니다.

〈뿡뿡이의 여행일기〉 2편

새벽 3시부터 지금까지
어떠한 생각도 없이 마음이 시키는 대로
강행군을 했습니다.

17년 전에는
가족이 함께 왔었고 오늘은 이렇게 혼자 왔습니다.

7년 동안
특별한 여행 한번 없이 언제나 기도 속에 있었지만
오늘은 7년의 아픔을 모두 씻은 듯이
마음은 가벼웠습니다.

마치 안식의 시간처럼
피곤함도 모른 채 산과 바다로 하루를 꽉 채웠습니다.

특별한 기도도 없이
눈에 들어오는 풍경을 즐기며
약 60~70도 경사진 산길을 2km를 오르내리며
자신과 싸웠습니다.
상상할 수 없는 일정을 승리로 이끌었습니다.

그런 중에도 몸은 피곤치 않고 마음은 평온했습니다.
한마디로 꿀맛 같은 하루였습니다.

선교기도회의 모든 분의 기도가 나를 일으켰습니다.
기나긴 7년의 고난 속에도 주님은 나와 함께하셨고
내 인생의 기적을 일으켰습니다.

내 인생에 최고의 안식을 가지며 나의 모든 기도는
이미 예비하고 계심을 믿고 기도합니다.
☞ 욕지도에서의 첫날

★ 댓글

1. 기현맘

아멘.

방장님 기도문 감사합니다.

누가 선교기도회 한명 한명 가정을 위하여

이토록 간절한 마음으로 기도해 주실까요.

마음 한편에는 감사의 눈물이 흐릅니다.

메마른 우리의 심령에 주시는

은혜의 복음 말씀을 사모하며

마음에 품고 살아가기를 소망하며 감사드리며

한마음으로 기도합니다.

2. 지영맘

아멘.

방장님께서 주신 은혜의 기도문이

저희들의 삶 속에 실제가 되기를 기도합니다.

〈뿡뿡이의 여행일기〉 3편

여행 출발하기 전에
화요일은 바다낚시를 하려고 스케줄을 짰습니다.

오늘 아침 일찍 일어나
원고를 정리하면서 일기 예고를 보니
구름과 바람이 분다고 하여
낚시를 포기하려고 생각하면서
계속 원고에 집중했습니다.

그런데
날씨가 예상외로 좋아서 낚시가 가고 싶었습니다.
예전 같았으면 날씨와 상관없이
만사를 제쳐 놓고 낚시를 갔었을 것입니다.

하지만

오늘은 마음이 앞서지 않았고
낚시를 생각지 않고 침착하게
원고를 정리했습니다.

그리고
몇 시간이 지나고 날씨가 너무 좋아
낚시를 갔습니다.
그리고 약 4시간 동안 낚시를 하고 돌아왔습니다.

예전 같았으면 몇 년 만에 온 바다
그것도 욕지도까지 왔다면
새벽부터 밤늦게 그것도 아쉬우면
밤낚시까지 할 정도로 낚시광이었습니다.

그런데 오늘은 약 4시간 먹을 만큼 잡았으니
가자. 하고 돌아왔습니다.

낚시광이었던 내가 사람 낚는 어부가 되고 보니
바다낚시보다 기도와 말씀 생활이
더 즐겁다는 것을 확인하는 하루였습니다.

★ 댓글

1. 준하맘

아멘.

방장님~ 행복한 하루를 보내셨네요. ^^

날씨도 좋고 경치도 참 이쁩니다.

남은 일정도 알차게 보내고 오시기를 기도합니다.

2. 준영아빠 / 목사님 축복기도

아멘.

멋진 곳입니다.

승리한 후 누리는 귀한 풍경은

하나님의 귀한 은혜를 느끼게 합니다.

이제 시작되는 일정 가운데

주님의 도우심과 은혜가 있으시기를 기도드립니다.

3. 지영아빠

아멘.

평안과 행복 속에서 은혜로운 휴식이 되기를

기도합니다.

4. 지영맘

아멘.

주님 감사드립니다.

방장님의 마음을 씻어주시고

참된 안식과 자유를 맛보게 하심을 감사드립니다.

남은 일정도 지치지 않고 기도의 향기를 가득 채우며

많은 이들과 나누는 도구로 사용하시길 기도합니다.

이쁜 풍경 감사드립니다.

잘 계시다 오세요.

5. 상명맘

아멘.

너무 예쁩니다. 그리고 평온해 보입니다.

기도여행을 통해 온전한 쉼으로 인도하시고

몸과 맘이 주님 안에서 평안하며

마음의 안정을 찾고

주님의 사랑으로 가득하시길 기도합니다.

6. 정민혁맘

아멘.

임마누엘 하나님. 에벤에셀의 하나님.

어제와 오늘도 함께 계셨고

내일도 함께 하실 주님이 계시기에 외롭지 않습니다.

7. 강현맘

아멘.

사진 속 평화로운 모습처럼

방장님의 마음에 평안이 함께하시고

하나님의 은혜와 인도하심을 기도합니다.

〈뿡뿡이의 여행일기〉 4편

처음으로 혼자 가는 여행이지만
이틀 만에 혼자가 아니라는 사실은 깨닫게 되었습니다.
물론 선교기도회의 기도가 함께했지만
특별한 동행은 해피와 뿡뿡이였습니다.

우리 셋이 처음부터 한순간도 떨어지지 않고
함께 동행했던 이야기는 다음과 같습니다.

♣

해피는 험악한 산을 오르내릴 때
숨을 헐떡이고 목이 말라도
아무 내색 없이 동행했으며

또 다음 날

낚시를 위해 바닷가 뜨거운 자갈밭과 갯바위를
발바닥이 붓도록 함께 걸으며
돌아오는 길에는 절룩이며 걷지도 못하고
마을에서 나오는 샘의 물 한 바가지를 다 마시면서
땅바닥을 기는 듯 겨우 뒤를 따라왔습니다.

그리고 숙소에 와서는 걷지도 못하고
퉁퉁 부은 발바닥을 핥으면서도
나에게 애교와 꼬리를 흔들었습니다.

♣

욕지도의 바닷가는
대부분 좁고 가파른 길을 따라 해안으로 내려가는데
뻥뻥이를 힘들게 내려가는 것과
올라오는 것을 강행할 수가 없었습니다.

다른 때 같으면 무조건 자동차를 믿었을 것이지만
그러나 뻥뻥이는 하나님께서 보내주신 차이기에
내 몸같이 소중했고 아껴야 했으며
그렇게 무사히 우리 셋은 하나 되어 기도하며
동행했기에 모두 행복했습니다.

♣

동물도 자동차도 나의 소유물이 아니라
함께 하는 동반자라는 사실을 깨닫고
해피와 뿡뿡이를 위해 기도하게 되었습니다.

우리 주변에는 나의 필요에 의해
소홀히 대하는 사람이나 물건이 많습니다.
사람이나 물건이나 하나님께서 허락하신 것입니다.
소중히 여기며 기도하는 마음으로
함께하기를 기도합니다.

★ 댓글

1. 준영아빠

아멘.

오늘도 뿡뿡이와 해피와 함께할 수 있는 여정을 주신

하나님께 감사드립니다.

내일도 마무리 잘하시고

안전하게 귀가 하시기를 기도드리며

오늘 밤에도 편안한 휴식이 임하기를 기도합니다.

2. 준하맘

아멘.

하나님께서 주신 모든 것에 감사하며

소중히 여기는 마음을 갖기를 기도합니다.

해피가 좀 힘들어 보이긴 해요. ^^

방장님 옆을 지키는 모습이

너무 이쁘고 사랑스럽습니다.

평안한 밤 되세요.

〈뿡뿡이의 여행일기〉 5편

3박 4일의 여행을 마치고
3시간 후면 이곳을 떠나게 됩니다.
떠나는 아쉬움도 없이
알차게 보낸 안식의 시간이었습니다.

조금도 감정에 동요됨이 없이 오직 기도로 마친
4일간의 여정은 주님과의 동행이었습니다.

그러나 가장 안타까웠던 것은 청정지역이었던 이곳도
하나님의 세상이 무너지고 있음을 볼 때
소돔과 고모라성 같은 느낌입니다.

이곳에도 몇 개의 교회가 있었지만
과연 빛과 소금의 역할을 하고 있는지 기도가 되는
사도 바울의 심정을 묵상했습니다.

†

3박 4일의 안식을 주신 주님께 기도합니다.

예수 그리스도께서 진정으로 필요한 이곳입니다.

이곳의 교회는

머리 둘 곳 없는 그리스도의 지체로서

빛과 소금으로 지역을 밝히고

정화시켜 주시기를 기도하며 이곳을 떠납니다.

★ 댓글

1. 강현맘

아멘.

방장님의 귀한 안식의 시간을 주신

하나님의 은혜에 감사드립니다.

귀가하는 발걸음도 안전하게 지켜주시고

점점 변해가는 세상에서

그리스도의 빛과 소금의 역할을 감당하는

우리와 자녀들이 되기를 기도합니다.

2. 은혁맘

아멘.

안전한 귀갓길이 되시길 기도합니다.

악해져 가는 세상에서 주님의 교회가 더욱 빛을 발하고

소금의 역할을 잘 감당하기를 기도합니다.

3. 상명맘

아멘.

방장님께서 기도여행을 잘 마칠 수 있도록

인도해 주신 주님께 감사드립니다.

욕지도의 교회와 주민들이 주님의 사랑으로 일어나

빛과 소금이 되는 은혜를 주시고

주님께서 하나님의 나라를 확장시킬 수 있도록

인도하여 주시기를 기도합니다.

〈뿡뿡이의 여행일기〉 6편

선교기도회의 기도와 주님의 동행으로
은혜롭게 3박 4일의 기도 여행을
잘 마치고 돌아왔습니다.

출발할 때 세 가지 기도제목을 가지고 갔습니다.
첫 번째 *성령의 총을 쏴라*는
예상보다 더 은혜롭게 마쳤습니다.

그리고 *바보인생* 드라마 묵상은
구체적으로 하지 않았고
4일간 새로운 영적 힘을 받고 왔기에 집필을 시작하면
성령께서 인도하는 확신을 가지고 왔습니다.

두 번째
선교기도회의 깊은 기도와 운영 방안에 대한 기도는

응답을 주셨고
성령의 인도만을 기다립니다.

세 번째
나의 세 자녀들의 기도는 전혀 묵상되지 않았습니다.
이미 하나님께 맡겼으므로
더 이상 나의 기도는 없었고 계속해서
자녀들을 위한 기도가 지속됩니다.

다만 흔들리지 않는 믿음과
여행 기간 영적 안정으로 오히려 반석임을 느꼈습니다.

모든 기도는 이제 또 다시 시작이며 진행형입니다.
위 세 가지 기도제목뿐 아니라
선교기도회의 가정과 교회가
우뚝 서는 그날까지 기도합니다.

★ 댓글

1. 준모맘

아멘.

방장님의 기도여행을 은혜 가득하게 채워주심을

감사합니다.

앞으로도 모든 일이 주님의 뜻 안에서

선한 길로 인도되기를 기도합니다.

2. 기현맘

아멘.

방장님 기도문 감사합니다.

욕지도 3박 4일 일정을

주님의 은혜로 마치게 하심을 감사합니다.

뿡뿡이와 해피도 고맙데이. ^^

방장님의 기도제목들이 하늘에 닿아

열납되기를 기도드리며

항상 강건하시기를 한마음으로 기도드립니다.

3. 준영아빠 / 목사님 마무리 기도

아멘.

기도의 여정을 무사히 마치게 하심을 감사드립니다.

편안한 휴식을 통해서 육체적으로도

새 힘을 얻게 하시고

기도하신 모든 내용들이 계속 이어져

하나님께서 이루시는 일들을 볼 수 있는

은혜를 더하여 주시옵소서.

성령의 총을 쏴라

초판 1쇄 발행 2025. 12. 25.

지은이 후추아빠
펴낸이 김병호
펴낸곳 주식회사 바른북스

편집진행 임현정
디자인 최다빈
마케팅 송송이, 박수진, 박하연

등록 2019년 4월 3일 제2019-000040호
주소 서울시 성동구 연무장5길 9-16, 606호 (성수동2가, 블루스톤타워)
대표전화 070-7857-9719 | **경영지원** 02-3409-9719 | **팩스** 070-7610-9820

•바른북스는 여러분의 다양한 아이디어와 원고 투고를 설레는 마음으로 기다리고 있습니다.

자비출판 투고 barunbooks21@naver.com
홈페이지 www.barunbooks.com | **유튜브** https://www.youtube.com/@Youtube_brTV
인스타그램 https://www.instagram.com/barunbooks7/ | **X(트위터)** https://x.com/barunbooks7
페이스북 facebook.com/barunbooks7 | **틱톡** https://www.tiktok.com/@barunbooks7

ISBN 979-11-7263-760-6 03810